禮學概論

周何 著

三民書局印行

國家圖書館出版品預行編目資料

禮學概論／周何著. -- 初版. -- 臺北市：三民，民87
面； 公分
ISBN 957-14-2722-5 (平裝)

1.禮(經書)-研究，考據等

531.88 86014447

國際網路位址 http://sanmin.com.tw

著作人 周何
發行人 劉振強
著作財產權人 三民書局股份有限公司
臺北市復興北路三八六號
發行所 三民書局股份有限公司
地址／臺北市復興北路三八六號
電話／五〇〇六六〇〇
郵撥／〇〇〇九九九八——五號
印刷所 三民書局股份有限公司
門市部 復北店／臺北市復興北路三八六號
重南店／臺北市重慶南路一段六十一號
初版 中華民國八十七年一月
編號 S 09001
基本定價 叁元肆角
行政院新聞局登記證局版臺業字第〇二〇〇號

ISBN 957-14-2722-5 (平裝)

自序

我自民國四十八年起在臺灣師範大學國文系所任教禮記和三禮研究兩門科目，前後約三十餘年。又在國立政治大學及中山大學講授三禮研究多年。深知禮學為我國安上治民修身治國之寶典，惜今大抵以為舊禮無所用而廢置之，或則以其艱澀而難讀，遂無修習之意願。余之教學，一以探索禮義為本，求明設禮之原意，且與現代生活相結合，使學子得於生活中體認古禮之價值與意義。故彼等學習興趣頗高，而獲益亦豐。咸認為應更予廣為宣揚，為恢復傳統禮教而共同努力。數十年來，余固始終致力於此，除教學或演講外，並時撰寫短文發表於報刊雜誌，後曾結集成書，題為「古禮今談」。是書為適應大眾化之需求而作，且多以《禮記》所見為主，於《周禮》、《儀禮》則鮮所言及，每有所憾焉。自民國八十一年退休後，即陸續整理舊稿，詎料於去歲突患腦中風，迄今已年餘，左肢行動不便，痛苦萬分，每有輕生以求解脫之念，幸賴趙鳳娣女士辛勤照顧，並百般寬解，勉以著作為樂，乃拖延免死，隻手打電腦，打畢《訓詁學》後，今又打出《禮學概論》，幸承三民書局不以淺陋允為出版，是誠極大之鼓勵，喜為之序也。

一九九七年十月于高雄楠梓

禮學概論目次

壹、禮的起源

關於中國禮的起源，過去有幾種說法，歸納如下：

一、起於節制欲望　《荀子．禮論》：「禮起於何也？曰：人生而有欲，欲而不得，則不能無求，求而無度量分界，則不能不爭，爭則亂，亂則窮。先王惡其亂也，故制禮義以分之，以養人之欲，給人之求，使欲必不窮（盡也）乎物，物必不屈（竭也）於欲，兩者相持而長（久也），是禮之所起也。」

二、起於適應人情　《禮記．三年問》：「三年之喪何也？曰：稱情而立文。」又〈問喪〉：「此孝子之志也，人情之實也，禮義之經也，非從天降也，非從地出也，人情而已矣。」

又云：「夫悲哀在中，故形變於外也，痛疾在心，故口不甘味，身不安美也。」

三、起於政教要求　《禮記．祭義》：「合鬼與神，教之至也。」

又云：「因物之精，制為之極（最高崇敬），明命鬼神，以為黔首則，百眾以畏，萬民以服。」

四、起於社會需要　《禮記・曲禮》：「道德仁義，非禮不成；教訓正俗，非禮不備；分爭辯訟，非禮不決；君臣上下父子兄弟，非禮不定；宦學事師，非禮不親；班朝治軍，蒞官行法，非禮威嚴不行；禱祠祭祀，供給鬼神，非禮不誠不莊。」

五、起於聖人制作　《禮記・曲禮》：「是故聖人作（起也），為（制作）禮以教人，使人以有禮知自別於禽獸。」

以上所說可謂都有依據，而且都有道理，事實上一種制度的形成，不可能單純地只有一種起因，很可能每種原因都有。不過從中國歷史上來看，最早的禮，大概是屬於祭祀神鬼方面的，因為「禮」字早期殷商甲骨卜辭即作豊，依羅振玉《觀堂集林》說，下半是豆，豆是盛肉類祭品的器皿，上半是一個器皿裏盛著兩串玉的玨，也是用來祭祀的供品，由於是有關神鬼之事，所以後來就加了示旁以表示之，而寫成禮字。祭祀神鬼，當有一定的儀式節目，因此而有禮節的意義。祭祀必須誠敬莊嚴，不可隨便，因此而有約束之義，儒家講求克己，克制欲望，所以荀子說禮起於節制欲望。約束即是說可以或不可以，也就是所謂「是非判斷」的觀念。人群共同生活既久，自然會產生感情，而感情必因相處的親疏遠近而有深淺厚薄之不同，相對地在來往之間也必須有等差的節度，於是形成應該或不應該，也就是所謂「等差判別」的觀念。

這些是非及等差觀念，當時也許只是一種自然形成的抽象而淡薄模糊的觀念而已，其後有高度智慧，能領導群眾思想及風氣的聖人出來，有鑒於社會正需要靠這是非、等差觀念來維繫其安寧的秩序；政治上也需要靠這兩種觀念來達到領導及教化的作用，加上適應社會人情的需要，於是禮由自然形成逐漸演變而為人為制定的型態，由抽象的觀念使其具體化，從淡薄微弱使其強化，於是固定形式的制度逐漸建立了起來，也就是合道德於藝術，從而使之產生強而有力的宗教式的信仰與教化的功能，這也是任何民族演進過程中必然的階段。

由於各種形式化的制度推行有效，於是更有聰明人想到從許多形式制度中提煉出共同的中心思想來，使之更便於有效地實施教化，於是把抽象的是非和等差觀念愈加標準化，提出了「仁」、「義」兩大端來，作為儒家最重要的中心思想和道德主體，而具有藝術功能的禮樂形式於是便成了儒家教化的工具。為了加強這種教化工具的效果，把仁義合於道德，把道德合於藝術，使仁義道德與藝術成為一體，內外雖然有別，而實則密不可分的形態於焉建立。形成我國禮具有至高尊崇的社會價值。將有形的物象，實質的物性，配以道德成分之後，使有形復歸於無形，使可見可聞的實象成為抽象聖潔的觀念，進而希望人在遵禮行儀之中揚棄其物性，攝取其理性，由形而下的器物儀節裏去體悟其形而上的道德內涵。此儒家聖哲沿承三代文明而更予以深度淨化超脫後的精采收穫。

人的實際社會生活裏，有許多必須加以秩序的規畫者，如男女之間，應該保持距離，以策安全。所以《禮記・曲禮》：「男女不雜坐，不同椸枷，不同巾櫛，不親授，嫂叔不通問，諸母不漱裳，外言不入於梱，內言不出於梱，女子許嫁纓，非有大故，不入其門，姑姊妹女子子，已嫁而反，兄弟弗與同席而坐，弗與同器而食。男女非有行媒，不相知名，非受幣，不交不親。」一夫一妻為正常之婚姻關係，婚姻關係要正常，首先就得重視男女有別，尤其是在開始交往之際，更應嚴守分際，不可輕易逾越，否則定會造成家庭不幸，《禮記・昏義》：「敬慎重正而後親之，禮之大體而所以成男女之別，而立夫婦之義也。男女有別，而後夫婦有義；夫婦有義，而後父子有親；父子有親，而後君臣有正。」又〈經解〉：「故昏姻之禮廢，則夫婦之道苦，而淫辟之罪多矣。」即使如現代進步開明的社會裏，婚前如果男女無別，苟且荒唐，總會造成婚後彼此心理上的陰影，家庭夫妻生活的不正常。不正常的家庭，如何要求父子相親？影響到社會，自是君臣不正，而淫辟之罪多矣。所以為了適應社會安寧，需要制定嚴男女之別的禮來作約束。

父母亡故，子女悲痛欲絕，但也不能任由子女傷痛頹廢終身，因此安排許多節目以幫助子女宣洩其內心的悲苦，並規劃一定的時限，以便於適當地收斂感情，逐漸恢復正常，如親人剛死，可以哭踊無數，大殮之後，則只能朝夕哭，既葬則卒哭，在別人面前就不准哭了，意思是表示能控制住悲傷了，然後還有小祥、大祥、練祭、禫祭等的安排，讓子女得有充分時間平抑悲痛，恢復正常，這都是為順應人情需要而制的禮。其他如成年的冠禮、笄禮，男女的婚禮，追遠的祭禮，社交的相見禮，鄉飲酒禮、鄉射禮等許多儀節的設計，都是照應社會人情的需要而來制訂的。

孔子曾說：「聽訟，吾猶人也，必也，使無訟乎。」（《論語・顏淵》）意思是說聽審訴訟，我跟別人是一樣的，但如一定要問我和別人有何不同之處，則我希望能做到使民眾人人都能知禮守分，自動判斷是非，那樣就不會再有任何訴訟的案件了。禮能使人明辨是非，所以說紛爭辯訟，非禮不決，教訓正俗，非禮不備，因為禮是人群必須共遵共守的生活原則，而這些原則未必是誰去訂定的，大部分應該是自然形成的。

《禮記・祭統》：「禮有五經，莫重於祭。」祭禮是對已故親人追思懷念不已時，所設計安排讓人在心理上可以獲得滿足與安慰的一些節目，經由這些節目的進行，人們據此好像又可以再一次地與親人相聚，可以把感情延伸到久遠，人與人之間，原即靠感情來維繫，人能重視感情，則社會會顯得溫暖無比。

至如《禮記・冠義》：「凡人之所以為人者，禮義也。禮義之始，在於正容體，齊顏色，順辭令。容體正，顏色齊，辭令順，而後禮義備，以正君臣，親父子，和長幼。君臣正，父子親，長幼和，而後禮義立。」從孩子的家庭教育著眼，要求從小日漸懂得對人有分寸，對事明是非，長幼能和，父子相親，君臣上下各安其份，社會上自然能興起禮義之風。所以禮不只是個人進德修業的規範，而且是社會安定，國家興盛的重要基礎，中國人如果失去了禮，誠如《禮記・禮運》所說：「故壞國喪家亡人，必先去其禮。」又如《禮記・經解》所說：「以舊禮為無所用而去之者，必有亂患。」

貳、禮的研究方向與目的

現在來研究禮，是否有點嫌落伍了？禮當然都是陳舊的，古代的東西，但我國古代一向就是靠禮來維繫道德人心與社會秩序的，如今人心敗壞，道德喪亡，社會混亂，大家都不知如何才好時，看看古代這些安上治民，行之有效的良方，對未來總是具有參考或指導作用與價值的。

目前研究禮學，大致有六個方向：

一、禮文

二、禮制

三、禮義

四、禮器

五、禮圖

六、禮容

禮文是指記載禮的文字，當然越早越好，現存最早的應是《儀禮》所載的十七篇，十三種專禮（因為〈既夕禮〉、〈士虞禮〉和〈士喪禮〉是三篇一貫的，又〈有司徹〉是〈少牢饋食禮〉的下篇，而〈喪服〉又不是專禮，除去這四篇不計，故只有十三種專禮），所保存的文字最為完整，因此研究古禮禮文必須以《儀禮》為第一目標。

《儀禮》是先秦的禮制，是後世歷代禮制的源頭，後代大致沿承古禮稍加改易而已。也只有唐代的《顯慶禮》、《開元禮》，宋代的《文公家禮》比較具體地保存著，其他的禮制雖有人蒐集，但都很零碎。大都可以在各史書的〈禮樂志〉或歷代〈通考〉中尋見。由禮制沿革的比較研究，可以瞭解各時代的文物制度，社會狀況，及社會人情的趨向，而這些研究必須透過禮制禮文的分析與提攝才能掌握。

各種禮制或某一儀節，在當初設計時，應該都有其設計安排的寓意或用心，透過禮文記載及闡釋掌握其立禮的意義，至少不會因無知而盲目地排斥舊禮，進而掌握立禮的精神，開創現代或未來禮制的新面貌。

有人曾說過《儀禮》最難讀，因為《儀禮》所載是各禮進行的儀式節目，前進後退，升階下堂，起坐揖讓等動作的進行，既乏味而且方位容易弄錯，還有很多服飾器物現在都看不到了，所以難讀，於是以前就有人畫成各種禮圖，以便讀者左圖右書對照來看，就目前所知約尚有一百多種禮圖可以尋見，所存最早者為宋聶崇義的《三禮圖》，見於《通志堂經解》。

禮器大多為祭祀行禮時所用的器具，現今所見大概都是出土的青銅器文物居多，項目繁多，包括祭器、食器、飲器、樂器、盥洗器、車馬、葬具、雜器，還有服飾、旗幟、兵器等，也有一些不知用途的，這些器物都是當時社會文化的表徵，人情風俗的消息，甚至於銅器上所附的各種紋飾，日本學者有頗詳細的研究。

《漢書・儒林傳》：「漢興，魯高堂生傳士禮十七篇，而魯徐生善為頌，孝文時，徐生以頌為禮官大夫，傳子至孫延襄，諸言禮為頌者由徐氏。」師古注引蘇林曰：「漢舊儀有二郎為此頌貌威儀事，有徐氏，徐氏後有張氏，不知經，但能盤辟為禮容，天下郡國有容史，皆詣魯學之。師古曰：頌讀與容同。」又宋祁曰：「注文姚本能字下添揖讓二字。」是禮頌即禮容，禮容即進退揖讓盤辟起坐等之儀態容貌也，當時有以此得為禮官大夫者，足見其事固甚重要，惜後無傳，至今不知究竟矣，然而禮容者必有其研究之價值焉。

參、禮之分類

早有五禮之說，首見於《尚書・堯典》：「修五禮」，又〈皋陶謨〉：「天秩有禮，自我五禮有庸。」五禮之目則《周禮・春官・大宗伯》云：

以吉禮事邦國之鬼神示，
以凶禮哀邦國之憂，
以賓禮親邦國，
以軍禮同邦國，
以嘉禮親萬民。

其後鄭眾之注《地官・大司徒》，鄭玄之注《春官・序官》、《地官・保氏》皆取吉、凶、賓、軍、嘉以釋五禮，再後杜佑《通典・禮類》及歷代會要之作，以至秦蕙田《五禮通考》等，皆依此分立篇目。今即依《五禮通考》之大綱，以為禮類之介紹：

(一)吉禮

郊

祈穀

大雩

明堂

五帝

祭寒暑

日月

星辰

地

社稷

四望山川

封禪

五祀

六宗

四方
四類
高禖
蜡臘
儺
酺
盟詛
釁
宗廟制度
宗廟時享
禘祫
薦新
后妃廟
私親廟
太子廟
諸侯廟祭

大夫士廟祭

祀先代帝王

祀先聖先師

功臣配享

賢臣祀典

新耕享先農

親蠶享先蠶

享先火

享先炊

享先卜

享先醫

祭厲

(二)嘉禮

即位改元

上尊號

朝禮
尊親禮
飲食禮
冠禮
昏禮
饗燕禮
射禮
鄉飲酒禮
學禮
巡狩
觀象授時
經國體野
設官分職

(三)賓禮

天子受諸侯朝

天子受諸侯蕃國朝覲
會同
三恪二王後
諸侯聘於天子
諸侯相朝
諸侯會盟遇
諸侯遣使交聘
士相見禮

(四)軍禮

軍制
出師
校閱
車戰
舟師
田獵

馬政

(五)凶禮

荒禮

札禮

災禮

禬禮

恤禮

唁禮

問疾禮

喪禮

虞禮

由上所列，可知禮之範圍極為廣泛，曾國藩〈聖哲畫像記〉云：「先王之道，所謂修己治人，經緯萬彙者何歸乎？亦曰禮而已矣。」經緯萬彙，體大思精，小大兼備，無所不包，所謂內聖外王之道盡在此矣。

肆、禮之內涵與影響

一、禮的義與儀

關於禮的內涵本質，《春秋左氏傳》裏有幾句話說得很好：

夫禮，天之經也，地之義也，民之行也。（昭公二十五年傳文）

政之輿也。（襄公二十一年傳文）

國之幹也。（襄公三十年傳文）

經，是永遠不變的原則；義，是崇高完美的理想；行，是實際生活的規範；輿，是推行政教的工具；幹，是國家社會的組織制度。

原則、理想是屬於抽象的思想理念，而規範、工具、制度都應該是比較具體形式方面的東西。具體的形式必須依賴思想理念才能保有其價值；而抽象的思想理念，又必須寄託於形式的表現，然後才能存在。兩者之間自有著密不可分的關係。

當人類群居，共同生活，逐漸組織家庭，形成部落、社會、國家的過程中，由於人類具有情感和理性的交互作用，於是在人與人之間，自然會產生一些為維繫彼此共同生活上實際需要的原則，這些原則，起初也許不過是一些廣泛籠統而且不甚固定的抽象意識，然而經過不少聰明睿智的領導者，先後著意地予以強調並使之昇華善化，再經洗煉固定之後，就形成了崇高而完美的理想概念。這些概念既然是崇高而完美的理想，當然就希望它對人群共同生活能產生高度的指導作用，和永久持續的功效，這種希望的實現，如果只靠理論的分析、思想的說明，大概祇有少數人能瞭解；因此希望對人群普遍地發生作用，就必須利用一些簡單而容易做的形式，先作普遍的推廣實行，讓人們在習以為常的慣性中，潛移默化地漸漸領悟其中的道理，於是小的方面，在個人的生活行為規範上，大的方面，在國家社會的組織制度上，都朝著崇高完美的理想目標，形成了許多具體可行而有效的禮文規定。如人人都能按照規定認真去做，久而久之，政治教育的推行，藉著這些規定作基礎，人群社會自能產生維持秩序和促進文明的實效。由這樣地持續發展，逐漸形成了中國傳統文化裏色彩最濃厚，影響最深遠的重要智慧結晶，那就是「禮」。

所以禮在實質上，原應包括「義」和「儀」這兩部份。義與儀既是密不可分的，因此在語言的根源上是相同的，也就是說古音全同。在文字的表達上也是用既有的義字加個人為的人旁作儀。由此可見「儀」必須以「義」為基礎，而「義」也必然包容在人為形式的「儀」中。

有了這樣的瞭解之後，相信對那些已成過去的禮儀制度，我們不再會存有過份鄙棄的心理，而對那些包含在過去禮儀制度裏，確實具有當時社會價值，具有崇高完美的理想，影響深遠的傳統禮義，更會啟發我們深入探討的興趣。

二、禮義的內涵本質

禮義的基礎，實際就是人類情感與理性得到協同調和的結果；如今我們就從這兩方面的分析來說明禮義的內涵本質。

人與人相處日久，自然會產生情感，但相處的時間有久有暫，所產生的情感，當然也就有深有淺，有厚有薄，於是在人我之間相對的人際關係，也就有了親疏遠近的差異；再加上濃淡不同的血緣成份，這種差異性就顯得非常錯綜而複雜，絕不是簡單的條理所能說得清楚，當然，這麼複雜的人際關係，與親疏遠近的差異性，在世界各民族各國家的形成過程中，都是必然存在的；但是給予特別重視和強調，使之成為具體的等差觀念，而且在社會人群生活中產生重大影響作用者卻祇有我們中國人，所以「禮」才會成為代表中國傳統文化的重點之一。

其次，人與人接觸之後，必然有許多事情發生，事有多寡得失，情有真偽曲直，其間自然免不了有不少的爭執與紛擾，這也是任何人群社會中必然具有的現象，但是開闊的環境，四季分明的氣候等自然因素所孕育而成的中國人的民族性，畢竟與其他地區的民族性不可能完全相同，以此特有的中國民族性為基礎，經由理性作用的高度發揮，逐漸形成了共同認定的評判基準和是非觀念。所謂評判基準和是非觀念，在任何民族發展史上也是一定會具備的，但每個地區的基準和觀念，總有其實質及內容上的差異的。至少可以看出中國人所持有的往往都是屬於大體原則性的，也可以說我們比較重視那些原則性的是非觀念，而不需要那種極為細密的法律條文，因為再細密的條文，也難免有疏漏的地方，而大體原則性的觀念，倒反而可以涵蓋一切，所以這種經由理性作用的發揮，所逐漸確定的是非原則，在過去多少年代的社會中，往往都可以使各種紛擾的事件，獲得合情合理的解決。使人群生活能始終保有持續的平和寧靜。一直到今天，在現代的社會生活中，依舊有不少地方，繼續承受這些觀念的影響；可惜的是很少有人能知道這些觀念的來源。但當我們在是非觀念上，如果察覺有很多與西方人有些不同，或不完全相同時，應該可以想到這就是我們中國人禮教的評判基準，所形成是非觀念的本質。

以上所談到的「等差」和「是非」觀念，都是古代聖哲從我們東方民族的生活意識中，著意地予以強調昇華，逐漸經過洗鍊之後，所凝聚形成的，這些都是禮義內涵的本質。為了便於說明，容易瞭解，所以盡量利用現代的名詞，名詞雖然是現代的，但其特質內涵，則是早已就存在的。

三、等差觀念的發展與影響

㈠等差觀念的發展

古代聖哲既然已經注意到，由情感因素所產生的人際關係及其等差性的存在和重要，於是就依據當時的生活狀況，因勢利導制定了許多影響深遠的制度，利用這些制度的實行與推廣，來提鍊原則，達成理想，在許多制度之中，最重要的應該就是宗法和喪祭的制度了。

具有血緣關係的基礎，加上共同生活的情感成份，同一家族裏的人畢竟不同於外人，其間的差異性最為明顯，所以當時現有的家族，很自然地就成為強化組織以建立制度的基本單元。先把家人和外人分隔為兩大類，然後再把龐大的家族組織建立起來，宗法和喪服制度就是因應組織家族的需要而產生的，宗法是建立家族的廣大輪廓，而喪服制度則是親屬關係的精密區分，憑藉這兩項制度的普遍推廣實行之後，真正屬於中國傳統的家族觀念才能正式形成，才能成為影響後世歷史社會，根深柢固的中國文化的特色。

家族觀念的理論基礎，就是深淺厚薄的相對等差觀念。由於強調等差的結果，從「血濃於水」的內外分類，終於形成「五倫」的概念，我們所謂的五倫是：

君臣　父子　夫婦　兄弟　朋友

這種層次的排列並不僅是從上到下，表示尊卑上下的等級；而且也是表示由內而外的發展形態。因為這也說明五倫是以夫婦作為中心，逐漸由此向外擴展的層次，事實上必然是先有夫婦，而後才有父子，有父子而後才有兄弟，有父子上下相對的關係，而後才能擴展到君臣上下的對待；有兄弟平輩的相對關係，而後才能擴展到朋友的平等相待。所以五倫的形成應該是以中心的夫婦為起點，這就是《禮記・中庸》所說的「君子之道，造端乎夫婦。」又〈昏義〉也說：「夫婦有義，而後父子有親，父子有親，而後君臣有正。」由此可知人倫關係真正的核心是家族，君臣、朋友的關係都是由此外衍的末梢。

一個大家族之內，成員間相對的關係也非常複雜，宗法把世代的承繼和分支系統建立起來，嫡長眾庶的界限分劃清楚；每一支系裏，自己與其他人之間，必然有著各種不同的差異性存在，不可能一視同仁的，孟子就曾經為了肯定愛有差等，和墨者夷之有過一段辯論，如何才能把這種差異作精密的區分而且又要使人人都能很清楚，當然不是一件容易的事，於是就利用喪服制度的推行，來達成這項任務，因為喪服制度制定了喪服的各種等級及各種變化情況的因應措施，精密細緻地區分了親屬間的等差，深淺厚薄、親疏遠近的差異性自然就非常清楚地顯現出來了，這裏不須對宗法和喪服制度的內容作較詳細的說明，祇要說明由於這兩種制度的推廣實施之後，等差觀念發展的結果如何？

1.家族觀

在人際關係獲得如此完備而精密的劃分之後，每個人都會特別珍重自己與家人之間的情感關聯，無形中促使每個人對家族產生強烈的向心力，沒有其他的利害因素，也毋需任何條件，祇因為五服之內都是一家人，甚至於祇由於是同一個姓、同一個宗，就會感到非常的親切和接近，久而久之，自然培養形成團結不分的精神，這就是所謂濃厚的家族觀念。必要時，這種觀念可以稍予擴大，也能產生同樣強烈的民族意識與國家觀念。這種團結不分的家族一統觀念，反映在歷史上的影響既深且遠，譬如說歷史上儘管有過多少次分裂對峙的時代，但由於根深柢固的家族一統，要求完整觀念的影響，最後還是分久必合而歸於一統的局面。在西方一個民族可以分裂為各自獨立的許多國家，因此在他們的心目中，對中國這樣廣大的土地，眾多的人口，卻能始終保持一統的現象，不僅感到驚奇，甚至感到可怕。而共產集權何以處心積慮一定要破壞我們傳統的家族型態，也就是這個道理。因為破壞了家族型態，就自然瓦解了我們對國家民族強烈的團結向心力，以便於達到他們極權統治的目的。

2.名分觀

宗法與喪服制度所產生的向心力，把一家人緊緊地凝聚在一起之後，在我與家人之間自然就有親疏遠近各種不同的關係存在，由這些關係的組合，使家族的組織更為嚴密而完整，為了需要強調其差異性，所以首先必須非常細密地來區分這些錯綜複雜的親屬關係，以及彼此相互對待之間，遠近程度上的差異，譬如父親的兄弟稱世叔父，祖父的兄弟稱從祖祖父，曾祖父的兄弟稱族曾祖父，又如和自己同輩份的，同父的稱兄弟，同祖父的，伯父或叔父的兒子，稱為從父昆弟（俗稱堂兄弟），同一曾祖的，也就是從祖祖父的孫子，稱為從祖昆弟（俗稱從堂兄弟），再遠一層的如同一高祖的就稱為族昆弟，又如女性方面，同父稱姊妹，父親的姊妹稱姑，姑的女兒稱為從父姊妹（俗稱姑表姊妹），母親的姊妹稱從母（俗稱為姨），從母的女兒稱從母姊妹（俗稱姨表姊妹），這些既繁密而又複雜的親屬關係，要想把其間的差異性分劃清楚，不但是一般人不可能完全記得，就算是曾經作過研究的人，貿然間也會說不出來，所以要靠喪服制度詳密地分劃等差，再經長時期的通用實行之後，自然人人都會知道自己與整個家族中的每一分子間，親疏遠近的關係究竟是如何的了。因此在禮義內涵的發展上來說，除了建立完整的家族體系之外，進而必然會發展到「名分」和「秩序」觀念上去。「名分」觀念是分劃的作用，而「秩序」觀念則是調和的作用，在禮的內涵實質中也是非常重要的一環。發展的趨勢如再往前推一步，「名分」和「秩序」觀念的建立，實際就是國家體制、社會組織的張本。所以莊子曾說過：「春秋以導名分。」《春秋》三傳對孔子修《春秋》嚴正名分以維綱紀的宗旨，都有相當的發揮，孔子自己也特別強調「君君，臣臣，父父，子子」的名分觀念，就是因為春秋時代，名分觀念遭到破壞，秩序紊亂，所以必須這樣大聲疾呼地要求大家恢復對名分觀念的重視，以維護國家社會秩序的基礎。因此凡是與名分制度，尊卑秩序有關的事，如體國經野、設官分職、觀象授時等項目，在秦蕙田的《五禮通考》中都列為禮的範疇，就是這個道理。

3.倫理觀

名分觀念的建立，在家族制度裏所產生的作用，當然是人我彼此間親屬關係的體認，與親疏遠近，上下尊卑秩序的建立。除此之外應該還有更重要的發展和影響，由於對家族強烈向心力的作用，以及相對親屬關係的建立，自會促使我們對每個家人，主動地付出深淺厚薄不同的感情，這是說不僅要求家族親屬關係在名義上的認識與維持為滿足，而是要更進一步要求自己如何才能真正切實做到實質上的對待關係，譬如父與子是名義上的家族關係，而且有尊卑上下的秩序關係存在，而父子之間還有一層濃厚的情感成分，基於這種情感作用，父母自然會主動地全心全意去愛護自己的兒女，兒女也會由衷地孝敬自己的父母，這種主動的付出，才是實質上的對待關係，所以在中國人的社會裏，非常講究「父慈，子孝，兄友，弟恭」等這類相對而主動付出的態度，要比西方人重視，而且嚴格得多，就是因為我們對這方面的體認要比較深刻的緣故。社會上對這種實質相對的態度，人人都有了相當深刻體認之後，漸漸就形成了一種主動的責任感，沒有任何壓力，沒有絲毫強迫，非常自然地認定我既然是甚麼身份，就應該具有付出甚麼樣感情的責任，甚至可以說這祇是單方面的奉獻，而不是權力與義務相對的情況才能成立，不管對方如何對我，祇問我是否已經盡力，這才是真正感情的奉獻，這種主動責任感的感情奉獻，逐漸形成凝固的觀念時，這就是我們中國傳統文化中最寶貴的「倫理觀念」。由於這種觀念的保存和持續，才顯得我們的社會充滿了人情的溫暖，人生的旅程，自幼至老，每一階段都是那樣的充實而有意義。

(二)等差觀念的影響

任何現代國家的教育，沒有不重視對本國歷史文化的介紹，和國民服務社會觀念的建立，沒有這兩項深刻的認識，不足以成為健全的國民，就算聰明才智再高，科學技能再優越，事業成就再輝煌，如果對本國歷史文化沒有認識，沒有學以致用的服務觀念，缺乏這種思想紮根的教育基礎，就像無根的飄萍，隨時都可以接受較優的待遇而隨風飄走，所以每個國家的教育課程，任何一個階段都不厭其煩地重複再三地安排有歷史和公民道德教育的科目，就是這個原因。美國政府規定，凡申請入美國籍的人，除其他必備的條件外，還要通過一項考試，應試的科目有二，一是美國歷史，一是美國憲法。這說明了要想成為他們國家的國民，必須熟悉其歷史，熟悉歷史才能愛他們的國家；熟悉其憲法才能瞭解他們立國的精神，和建立服務社會的信念，這祇不過是舉例，主要在說明歷史，公民道德，和社會服務等這些人文方面的知識，對國家的建立，人民的教育來說，遠比科學技能的知識要重要得多，因為這些才是真正培養「人」的根本。

不過現代教育中的人文思想科目都是交由各級學校的教師，利用課本來講授，多半是照本宣科，唸過而已，然而在古代卻是在實際生活節目中讓孩子們由身體力行來獲取經驗，效果當是不可同日而語。

古代具有人文思想教育意義的實際生活節目，說來實在是太多了，其中績效最顯著的當屬喪祭的制度。曾子曾說過：「慎終追遠，民德歸厚矣。」慎終就是指喪禮；追遠就是指祭禮，曾子的意思是說，如能把喪祭二禮切實普遍推行，使人人能體會這些禮制設置的原意，社會風氣，人的品德行為自會歸向於醇厚。由此可見喪祭之禮，其內涵特質的發展，確是具有非常深厚影響作用的。

1. 敦厚社會人情

家屬親人活在世上時，由於共同生活所培養的深厚情感，深植於心，絕非任何情況或條件所可以改變或抹煞的。因此當親人亡故時，內心的悲哀傷痛是不言而喻的，如果沒有適當的儀節來幫助宣洩痛苦，疏導情感，節制哀痛，很可能有些人就會由於打擊太重，哀痛過甚，承擔不了，無法振作而從此頹廢下去，這又是社會成員的損失。所以喪禮的制定，其正面的意義是一種善意的疏導和節制，然而這又何嘗不是一種敦厚人情的機會教育呢？禽獸尚且有感情，何況是人？人與人之間就因為有感情，所以社會才溫暖，人生才有意義。這些道理，平時說得再多，也沒有比在這種真情流露的時候，給人的印象更深刻的了，這應該是給予子弟實際生活教育最好的機會，更是難得的機會，《禮記・曲禮》說：「不勝喪，乃比於不慈不孝。」是說由於哀毀過度，身體虛弱，不能支撐到喪禮的完成，固然是對不起已故的親長，謂之不孝，同時也對不起自己的子弟沒有給他們實際的生活教育，所以謂之不慈，哀痛得支撐不下，尚且給予這麼嚴厲的責備，如果是根本不願舉辦的話，那就更嚴重了。因此喪禮的實施，在禮義的發展上來說，其重大的影響還是在於敦厚人情。祭禮又是喪禮的延續，祭禮也一樣具有這層作用，所以在中國社會中，喪禮和祭禮的進行，不僅是比較隆重，而且是非常認真而慎重莊嚴的。

2. 體認歷史價值

當親人亡故之後，這份深厚的感情不見得會被時間的流移所沖淡以至於消失，甚至還會因此而更加深內心隱藏的懷念，和永恆的崇敬景仰，於是為滿足我們內在懷念與景仰心理的需要，延續喪禮的祭禮於焉產生，不過在祭禮的內涵意義中，除了上述滿足懷念與景仰的作用外，還含有深重的歷史教育意義。《禮記・祭義》說：「教民反古復始，不忘其所由生。」是說祭禮的作用主要是在教導人民要認清自己本身是從哪裏來的，自然就應該懂得尊重歷史。譬如今天住的房屋，好像說是我買的，價值當然是屬於我個人的；但是如果沒有前人的發明和改進，沒有現代人的設計建造，也不可能擁有這樣的享受。所以祭禮的精神，不僅是懷念，而且要求體念人生，現實的生活，並不能代表整個人生；必須要把歷史加進去，才是完整人生的累積，個人的生命祇是一個點，和家族結合起來才是一個面，結合了縱的歷史過程中的每一橫面，才能體會到我們的生命原是立體的，誠如佛家所說的有前世、今生、來世一樣，我不僅與現在的家人有關，而且也應與歷史上的家族，甚至與後世的子孫也息息相關，整個的世代家族原是一個整體，更進而可以體認到與國家民族也是密不可分的，有了這樣的認識之後，至少加強了個人生存的信念，不會再有我的生死榮辱與別人無關的想法；而且進而加強了自己對凝聚整體的責任感，人人重視自己的歷史，人人更愛自己的國家，所以祭禮內涵精神的發展，促成歷史教育意義廣泛而普遍地被人們所接受，從而為建立文化傳統紮牢根基。

3. 啟示奉獻精神

由於喪祭之禮的普遍推廣，使社會人們從實際生活行為中，深切體會到個人與祖先，今人與古人的結合，才是有價值的人生；同時尤其是在我們感念祖先創業維艱的心情之下，自然更能領悟到子孫應該守成不易的道理。祖先們蓽路藍縷，以啟山林，辛辛苦苦開創下這份家業，我們子孫既已繼承了這份遺產，就該想到如何地珍視它，該如何地維護它，更該想到如何盡心盡力去開發擴展它，使祖先努力的成果更豐碩更輝煌，於是就會感到自己的生存在整個家族的延續歷程上是多麼的重要，每一點滴的生命，都負有重大的歷史任務，由重視自己的生存意義和生命價值，從而激發其對時代應有的責任感。慢慢就會體察到人生在世，並不是純以享受為滿足，而是以服務貢獻為目的，沒有服務貢獻，就沒有資格享受的真諦。這一點與西方社會所強調的個人主義、享樂主義等，是完全不同的，這也是由祭禮的內涵所發展出來的一種結晶。

四、是非觀念的發展與影響

(一)是非觀念的發展

由情感的成分差異，而產生了等差觀念，由理性作用的發揮，而產生了是非觀念，這都是禮義精神的重要部分。孟子所說的人性四端，惻隱之心是情感的作用，而羞惡之心、是非之心、辭讓之心則都是屬於理性作用的是非觀念的範圍，所以小至個人心性的修養、生活行為的原則，大至社會道德的基準、政治的意識型態等，都離不開這是非觀念的。由於中國的地理環境、自然氣候、人文歷史等因素，所逐漸孕育形成的民族特性與其他地區的民族性相比較，似乎偏向於溫和與持重些，對於是非觀念的認定沒有西方人那麼細密，但卻是非常嚴格，也就是說比較著重於大體的原則，而不需要很細密的法定條文，但原則一經認定，則一定是共同遵守，絕不容許懷疑反對或否定，而且這些大體的原則未必要有明顯的文字記錄，只是父以教子，師以授徒，根深柢固地形成為傳統思想。這些流傳久遠，影響極廣的傳統思想，大部份都可以在儒家的經典裏找到根源。所以可以說這些大體的原則實際上就是由儒家的先聖先賢們，歷經長期的觀察思考，體驗人生，而後提鍊出來的精華，用以指導古代民眾如何為人處世的方針，因此這些原則是多少人智慧的結晶，又加上多少年代的洗煉，而始終具備適用的價值，應該可以看作是最足以代表中國社會珍貴的特色。許多特色一時也說不完，現在所談的不過是幾項比較重要的項目而已。

1. 性善論

人的本性，應該是很複雜的，不過在人事發生糾紛爭執，或情理有了真偽曲直，而又很難評斷是非時，強調人性本善的理論，確實是排難解紛，解決問題最根本的好辦法。因為人情事理發生問題，不可能有固定的型態，當然更不可能有為每一種不固定型態的問題分別來擬定解決的辦法，也就是說法定條文永遠無法涵蓋一切變故的道理。但如果能特別強調人性善良的那一面，說你的本質原是非常純潔善良的，這些話人人都會接受，也是人人都願意承認的，接著再說為什麼人會有不正當的行為？那都是出於外在事物的引誘，如能排除外物的引誘，完全以善良的本性來作判斷，一件事的是非曲直不就是很容易解決了嗎？性善理論既然能解決一切人情事理的糾紛，而且又容易為一般人所接受，因此正統的儒家思想必然就會把基礎建立在這個理論上，而且特別加以強調，使之成為處理問題的一項基本原則，當然，性善理論的構成，尚須有其他條件的配合，但無論如何，這是由是非觀念發展而來的一項重大收穫。

2.道德觀

既以人性本善作為對人情事理的判斷基準，慢慢地在人群社會中自然就會醞釀形成公共秩序的共遵原則，這些原則並沒有任何文字的記錄，但卻是人人知悉，大家遵守。孔子說：「文武之道，未墜於地，在人，賢者識其大者，不肖者識其小者。」是說先王治民之道，至今猶未消失，而是保存在每個人的心裡，不過水準高的人能記得那些大的原則，水準較低的也能記得一些小的規矩罷了，所謂「在人」就是俗語所說「公道自在人心」的意思，所謂原則，所謂公道，就是指得到公認共同遵守的道德觀念。孔子又曾說過：「吾志在《孝經》，而行在《春秋》。」是說《孝經》足以指導個人的心性修養，而《春秋》則足以指導公共行為，我們讀《春秋》三傳裏面有很多「禮也」、「非禮也」、「正也」、「非正也」的判斷句，可以說全是根據公共道德觀念，對各種社會國家中的人情事理所作的裁決，從這許多的判斷中應該可以歸納出諸多的條例來，但並不是先有這些條例然後才能作判斷的，當時很可能就是一些大體的概念，然而就是這樣籠統大概的「禮」與「非禮」，「正」與「不正」，就足以涵蓋包容一切的是非。

歷代的史傳裏，常常可以看到有人引用《春秋》大義來作評論依據，現在我們也常對社會事件或某人行為下結論，說這件事是不對的，說這個人不可取。嚴格地說，這樣的結論好像並沒有甚麼明確的依據，但又好像是人同此心，心同此理，應該是這樣的，這就是深植人心的道德觀念的作用，衹是我們一時間說不出其來由而已。又如論人說某人誠信可取，論事說此事不太「光明」，「天怒人怨」，或是說「平生不作虧心事，夜半敲門心不驚」等，誠信、光明、不虧心等，就是一些公認的道德觀，至於為什麼就可取？為什麼會天怒人怨？為什麼心不驚？則未必能說出個道理來，又如「事兩君者不容」、「道義當前，不計利害」等這類的話很多，人人都肯定是對的，卻都不大知道是為什麼。

3. 整體觀

這當然與家族觀念有關，因為家族觀念就是要培養凝聚團結的精神，聚結之後自會顯現出整體的力量與重要。而整體觀作用的發揮，往往出現在是非之爭與義利之辨上，所以也不妨置於是非觀念的發展中來說明。

當人情事理發生是非爭執時，一則是強調人性本善以激發其本身的良知，由自己內心先作檢討與裁判，同時對外在的事物也應有客觀的比較與選擇，究竟其大小如何，輕重如何，經過比較之後，確定了選擇標準，應以重大者為優先。這絕不是空洞的理論，而是經過長期的培養之後，人人都能理解的事實。我們的父老長輩，無論在平時的言行，或實際的選擇上，都能給子弟們這樣清晰的概念，讓他們要懂得「識大體」、「明大義」、「人人從大體著眼」、「事事要分別輕重」，在寬廣的環境，明朗的自然氣候，加上溫和的民族性，傳統的家族團聚的生活狀態，自然容易培養成開闊的心胸，恢宏的氣度，遠大的眼光，穩重的生活態度，遇事就不會以一己之私欲為主，而能以大體為重，有了這樣簡單而又應用普遍的原則，才能產生「犧牲小我，成全大我」的意識，才能具備「以天下為己任」的胸襟，才能有「鞠躬盡瘁，死而後已」的諸葛亮，才能有「先天下之憂而憂，後天下之樂而樂」的范仲淹，才會有「殺身成仁，捨生取義」的文天祥、史可法。其實無論大至於生死義利之辨，小至於思想行為的是非曲直，都會發現這種識大體思想觀念的深刻影響，《高士傳》裏記載黔婁死後，家貧無長物以覆體，其弟子有人建議把舊被單斜過來蓋就可以了，其妻認為與黔婁一生方正的為人態度不合而不予採納，這雖然是一件小事，卻也足以看出這種整體觀的普遍存在了。

(二)是非觀念的影響

1.建立行為基準

是非觀念的發展，反映在現實生活上，最直接的影響當然是個人思想行為基準的建立。人的典型標準，就是依照這種觀念的發展，接受發展之後所形成的各項原則為其主要條件；由此而建立了傳統的教育目標與要求，孔子更利用現成的文獻，加以整理；配合這些原則與要求，編製了各種教科書，推廣教育，期使後世子弟都能適合這樣的標準典型：《周易》教我們如何觀察人事的變化，《尚書》教我們瞭解政治的原理原則，《詩經》則是教我們培養溫厚的性格，《樂經》教人如何調和性情，《春秋》教人如何判斷是非，勸善懲惡，《禮經》則是直接而正面地規劃如何培養真誠主善的心意，與優美正確的儀態行為，六經的教育目標最後都是歸屬到禮的要求。所以《荀子》說：「學至乎禮而止矣。」這些大體的要求之外，還有很細密的進修計畫，格物，致知，誠意，正心，是性善理論的培養教育，其目的在明其明德，是為道德觀念的建立，由修身，齊家，治國以至平天下，其目的在親民，則又是整體觀念的培成，又如《周禮・大司徒》中，用以教民的六德，六行，六藝等，都是儒家聖賢依據傳統教育目標所制訂的基本課程，用以教育子弟，使他們都能養成具有自尊自律精神，忠孝篤實的性格，明辨是非的能力，能識大體的氣度等標準典型的中國人。

2. 崇尚謙和恭順

在待人方面禮要求盡量做到謙恭退讓，在處事方面則努力要求平和柔順，這是社會人群生活中最重要的修養目標。謙和可以說是禮的最高境界，《禮記・曲禮》：「禮者自卑而尊人。」是說自我要謙讓，而盡量多尊重別人，能謙遜退讓，尊重別人，結果當會減少很多摩擦與爭執，就人情事理的是非問題來看，這應該是一種最好的處理態度。不過退讓也應該是有限度的，一味地後退，變成毫無主見，那也是不行的，所以《禮記・樂記》：「禮主於減，以進為文。」雖然禮要求以盡量減少為主，但必要時還是要能勉強進取的，而且是以能在限度以內的勉力進取為最理想，這樣說來，在進退的分寸之間，適當而合理的謙讓，的確是待人處事最好的態度，但也是一種難能可貴的修養。

至於「和」的境界恐怕要更高，《論語》裏就有「禮之用，和為貴」的話，直接指出禮的作用以「和」為最高的境地，《禮記・中庸》也說：「致中和，天地位焉，萬物育焉。」如能以中為出發點，最後能到達和的境界，將可使天地自然獲得最正常的運行，將可使萬物得以在最寧靜平安的狀態中滋生蕃育，化生長養，也就是所謂參贊化育，與天地同功的意思。這種理想多美，這種境界多高，而這種至高至美的理想，在現實生活中卻又是隨時隨地人人都可以做得到的，當事理有了是非爭執時，只要能心平氣和地來處理，一定可以情和事理，獲得和順的效果，這跟「我欲仁，斯仁至矣」的道理是一樣的。

所以謙與和，雖然是一種修養，而反映在社會上，卻也是最完美的解決問題的方法，把這種方法提鍊出來，那就是所謂協同調和的處事方針，西方社會講究人權思想，法制主義，遇事都是訴之於法律，一切交由細密而死板的法律條文來解決問題；共產社會則是極權思想，暴力主義，遇有問題，一概採用鬥爭的手段來處理。然而法律方式未必能合乎人情，鬥爭手段更難合乎真理；祇有我們中國社會所特有的謙和修養與協調方式才是最溫和最合情合理解決是非問題的理想方法，也正是禮義發展外延的產物。

3. 啟發民本思想

西方的政治體制主張民主思想，現在我們好像為了迎合時代潮流，於是有人就從古書裏找出一些話來，想要證明我們古代其實就有民主思想，但如果仔細想想，這些話都只是基於群體共同生活中，標指「群」為主體的看法，絕不是指個體的「民」可以為「主」的觀念，中國過去一向都是君主的體制，但中國的君主觀念，與西方的君主觀念是完全不同的，不可因字面相同而混為一談。前面說過，中國五倫之中的君臣關係，是由父子上下相對的關係衍生而來的。換句話說，這樣的君主觀念必然承受著濃厚家族觀念的籠罩，不會如西方古代由英雄主義發展而來那樣具有絕對權威的君主，應該是像一個大家族中的家長一樣，他也有權威，但權威不是絕對的，而是相對的，正如《孟子》所說的「君之視臣如手足，則臣視君如腹心；君之視臣如犬馬，則臣視君如國人；君之視臣如土芥，則臣視君如寇讎。」君能以愛心來照顧民眾，如《孟子》所說的「為民父母」然後才有如《詩・大雅》的「庶民子來」，所以君雖是一國之主，但他必須把民眾看作為國家的根本才行，所以說「民為邦本，本固邦寧。」這才是真正代表中國政治意識的民本思想。

推溯其由來，君主意識是由家族觀念衍生而來，也就是說經由理性的發揮與啟示，接受整體觀念的影響，選擇了不以個人權威為中心，而以全民的生活幸福為歸依的決定。所以《孟子》又說：「禹視天下有溺者，由己溺之也；視天下有飢者，由己飢之也。」這就是說明了中國所謂的君主意識，並非代表個人絕對的權威，而是以民為重，以民為邦國之本的基本概念，必須付出照顧愛護的責任思想。由此可見，這種民本思想原是承受家族觀念與整體觀念而來的。

以上僅就禮的內涵本質中，選擇了等差與是非兩種觀念作其發展及其影響方面的說明，此外應該還有其他的內容可以討論，如限制觀念、平衡觀念等，限制觀念是以克己復禮為主，比較簡單，已另有專文發表；而平衡觀念則是無偏無私，中正平和的「中庸」思想，這倒是一個很大很重要，也是大家比較熟悉的課題，限於篇幅，留待將來再談，此處就從略了。

伍、《周禮》述要

一、名義

《周官》之名，首見於《史記·封禪書》，其後《漢書·景十三王傳》載：「河間獻王所得先秦古文舊書中有《周官》。」《後漢書·儒林傳》載孔安國所獻有《周官經》六篇，是西漢以前都只稱《周官》。

西漢末，「劉歆以《周官經》十六（屈萬里先生《古籍導讀》謂十字疑為衍文）篇為《周禮》，王莽時歆奏以為《禮經》，置博士。」（見荀悅《漢紀》）自是始有《周禮》之稱，至東漢末鄭玄注三禮，《周禮》之名乃得定稱。

二、作者

1. 周公作

※鄭玄《周禮・注》云：「周公居攝而作六典之職，謂之《周禮》營邑於土中，七年，致政成王，以此禮授之，使居雒邑治天下。」

※《隋書・經籍志》：「周官蓋周公所制官政之法。」

※賈公彥《周禮正義》前附載〈序周禮廢興〉云：「唯歆獨識，……末年乃知其周公致太平之跡，跡具在斯。」

2. 非周公所作

※賈疏附載〈序周禮廢興〉云：「故林孝存以為武帝知周官末世瀆亂不驗之書，故作十論七難以排棄之。」

※又云：「何休亦以為六國陰謀之書。」

※洪邁《容齋續筆》：「考其實蓋出於劉歆之手。」

※朱彝尊《經義考》引范浚云：「此必漢世聚斂之臣如桑弘羊輩欲興榷利，故附益是說於《周禮》，託周公以要說其君耳。」

宋代疑古風盛，加以舊黨反對王安石據《周禮》推行新法，故多加以抨擊，至謂是本劉歆偽造者，《文獻通考》所引蘇轍、胡宏之說；《偽書通考》所引邵博、王炎、包恢等說皆是，尤以包恢《六官疑辨》之作出，竟致科舉不用《周禮》，毀之可謂至甚矣。沿仍至清代，毀之者亦多，如萬斯大《周官辨非》二卷（見昭代叢書）凡列五十五則，以論非周公之書，毛奇齡《經問》以為出於戰國，姚際恒《周禮通論》謂出於西漢之末，方苞《方望溪文集》以為劉歆所作，崔述、康有為、廖平、皮錫瑞等皆疑非周公之作（詳參張心澂《偽書通考》）。

張心澂亦列七論以議之，認為係「戰國前期儒家而通法理經濟者所草擬之建國方略，至西漢前期發現而入祕府，及王莽時，劉歆見之，改竄而公布。」

3. 持平之論

※鄭樵《周禮辨》引孫處云：「《周禮》之作，周公居攝六年之後，書成歸豐，而實未嘗行也，蓋周公之為《周禮》，亦猶唐之顯慶，開元禮也。唐人預為之，以待他日之用，其實未嘗行也。惟其未經行，故僅述大略，俟其臨事而損益之。故建都之制不與〈召誥〉、〈洛誥〉合，封國之制不與〈武成〉、《孟子》合，設官之制不與《周官》合，九畿之制不與〈禹貢〉合。凡此皆預

為之，未經行也。」

※《四庫全書總目提要》以上說為差近，而以為猶為未盡，曰：「夫《周禮》作於周初，而周事之可考者不過春秋之後，其東遷以前三百餘年官制之沿革，政典之損益，除舊布新，不知凡幾，其初去成、康未遠，不過因其舊章，稍為改易，而改易之人不皆周公也。於是以後世之法竄入之，其書遂雜，其後去之愈遠，時移勢變，不可行者漸多，其書遂廢。」

《經義考》引陳汲云：「有周公之舊章，有後來更有續者，信之者以為周公作，不信者以為劉歆作，皆非也。」

何按：

(1)林孝存既有武帝知為瀆亂不驗之書之語，則漢武帝固嘗親見此書，不可能為劉歆所作可知矣。

(2)《漢書・景十三王傳》載河間獻王得《周官》，是則武帝之父景帝時，此書已問世矣。

(3)《漢書・藝文志・樂類》載：「六國之君，魏文侯最為好古，孝文時，得其樂人竇公獻其書，乃《周官・大宗伯・大司樂》章也。」據此則文帝時已見其書，甚且可上推至魏文侯時也。

(4)顧實《重考古今偽書考》云：「《周官》最多有他書不用之古字，如虣、暴字；疈、副字；灋、法字；𢿵、漁字；𢷎、拜字；簭、筮字；飌、風字；邍、原字；卝、礦字；匶、柩字；畺、疆字等。」虣字、飌字、卝字見於殷商卜辭；灋字、𢿵字、𢷎字等見於青銅器銘文，他書均無所見，足證此書來源甚古。

綜上所述可知：

⑴既有惟見於甲、金文中之古文字，為他處所無者，則是書之成於西周初年之說蓋可信也。然初成時蓋甚粗略，或為周公致政成王，僅以為治官之參考，未必有何學術價值可言，其後人事漸繁，此存於官府之官政簡本，乃有陸續增補之需要，故張載之言是也。

《四庫全書總目提要》引《橫渠語錄》云：「《周禮》是的當之書，然其間必有末世增入者。」

⑵本書秋官係以刑法為推行教化的工具，以補禮樂功能之不足，其刑法觀念雖非純粹法家之認識，然已實受法家思想之影響無疑。又此書詳密之組織制作，戰國以前所未見。戰國以前，諸經大抵為雜記形態，至《管子・雜記》、《莊子》內七篇始有部份組織體系，至《呂氏春秋》、《淮南子》始見完密，故此書非至戰國不成。因試為推論如下：

a 周公始作

b 隨時增補

c 戰國完成

有關《周禮》一書著成時代之參考著作有：

康有為　《新學偽經考》

顧頡剛　〈周公制禮的傳說與周官一書的出現〉（一九七八年《文史》第六輯）

錢　穆　〈周官著成時代考〉(《燕京學報》十一期)
錢　穆　〈劉向・歆父子年譜〉
史景成　〈周禮成書年代考〉上中下（《大陸雜誌》三十二卷五、六、七期)
賀淩虛　〈周禮的來歷及其成書年代〉(《革命思想》三十五卷四期)
林　尹　〈周禮與其作者〉(《名著與名人》)
婁良樂　〈周官考述〉上下（《學粹雜誌》十三卷四、五期)
楊際泰　〈先秦法律述要〉(《法學叢刊》十八卷二、三期)
徐復觀　《周官成立之時代及其思想性格》(學生書局)
郭沫若　〈考古篇〉(《郭沫若全集》)
楊　寬　《古史新探》
詹劍峰　《周官考略》(《文獻叢刊》十三輯，北京文獻書目出版社)
彭　林　《周禮主體思想與成書年代研究》
金春峰　《周官之成書及其反映的文化與時代新考》

金春峰的結論說：「是戰國末年入秦的學者寫作的，與《呂氏春秋》相似，是為即將統一的新皇朝提供官職設置之指導與參考的著作……與秦文化有血肉相連的關係。」

三、體例

㈠六官

本書原有六篇：天官冢宰、地官司徒、春官宗伯、夏官司馬、秋官司寇、冬官司空。故為六官，惟冬官早已亡佚，西漢時有以〈考工記〉補之，故今所見仍為六篇。

㈡總序

六官每篇之前皆有：

「惟王建國，辨方正位，體國經野，設官分職，以為民極。」之語。

此其總序也，故置之每篇之首。

㈢總職

總序之後即分述各官之總職云：

「乃立天官冢宰，使帥其屬而掌邦治，以佐王均邦國。」

「乃立地官司徒，使帥其屬而掌邦教，以佐王安擾邦國。」
「乃立春官宗伯，使帥其屬而掌邦禮，以佐王和邦國。」
「乃立夏官司馬，使帥其屬而掌邦政，以佐王平邦國。」
「乃立秋官司寇，使帥其屬而掌邦禁，以佐王刑邦國。」

冬官亡佚，故篇首無此總職之文，然猶可與《天官・小宰》之職及偽《古文尚書・周官》所載相參看。

《天官・小宰》：「以官府之六屬舉邦治：一曰天官，其屬六十，掌邦治，大事則從其長，小事則專達。二曰地官，其屬六十，掌邦教，大事則從其長，小事則專達。三曰春官，其屬六十，掌邦禮，大事則從其長，小事則專達。四曰夏官，其屬六十，掌邦政，大事則從其長，小事則專達。五曰秋官，其屬六十，掌邦刑，大事則從其長，小事則專達。六曰冬官，其屬六十，掌邦事，大事則從其長，小事則專達。」

偽《古文尚書・周官》：「冢宰掌邦治，統百官，均四海；司徒掌邦教，敷五典，擾萬民；宗伯掌邦禮，治神人，和上下；司馬掌邦政，統六軍，平邦國；司寇掌邦禁，詰姦慝，刑暴亂；司空掌邦土，居四民，時地利。」

〈小宰〉所載冬官掌邦事，與〈大宰〉之職所載「六曰事典」相合，且均為《周禮》原文，自屬可信，〈周官〉謂掌邦土，居四民，時地利之語，蓋由司空之空字著眼，以為空指空間，故云邦土，居民地利，皆自土地衍出，今檢金文職官，惟有司工，工指百工技藝之事，與掌邦事、事典諸語應合，空从工聲，因誤以司工為司空，而更誤指居民地利等事，〈周官〉之為偽作明矣。

總職所云掌邦某者，某皆僅舉一字，含意模糊，茲就各官所屬之職掌內容觀之，可稍作解釋如下：

治：是指掌管治理各級官府邦國的重要典則政令，以及中央的府藏會計等事（王宮內之飲食衣物等亦包含在內），實即中央政府之所有組織。故〈大宰〉之職終曰：「凡治、以典待邦國之治，以則待都鄙之治，以法待官府之治，以官成待萬民之治，以禮待賓客之治。歲終，則令百官府各正其治，受其會，聽其致事，而詔王廢置。三歲，則大計群吏之治，而誅賞之。」

教：是以一般居士之民為對象，掌管一切墾植土地及各種教育設施等事，實即地方行政之重要措施。故〈大司徒〉之職終曰：「以五禮防民之偽，而教之中；以六樂防民之情，而教之和。」

禮：大抵指禮樂祭祀之事，祭祀天地鬼神以求保國安民，故〈大宗伯〉之職終曰：「以禮樂合天地之化，百物之產，以事鬼神，以諧萬民，以致百物。」

政：是專指軍政，包括軍隊編制、兵役訓練及征伐作戰等事。故〈大司馬〉之職終曰：「馮弱犯寡則眚之，賊賢害民則伐之，暴內陵外則壇之，野荒民散則削之，負固不服則侵之，賊殺其親則正之，放弒其君則殘之，犯令陵政則杜之，外內亂，鳥獸行則滅之。」

禁：是指掌管刑法典則來維持社會治安的種種措施，〈大司寇〉之職終曰：「凡害人者寘之圜土，而施職事焉，以明刑恥之，其能改過，反于中國，不齒三年，其不能改而出圜土者殺；凡諸侯之獄訟，以邦典定之，凡卿大夫之獄訟，以邦法斷之，凡庶民之獄訟，以邦成弊之。」

事：是指百工技藝之事，猶今之庶務。

㈣序官

六官總職之後，分別各列有序官，簡要說明各官的僚屬，及其官秩的高低和編制人員的多少，由於各官的專職類別不同，故其僚屬人數並非平均或相等。如天官有六十三官職，地官有七十八官職，春官有六十九官職，夏官有六十七官職，秋官有六十四官職，冬官〈考工記〉有三十一官職。〈天官・小宰〉云：「其屬六十」者，舉其大約而言耳，又每職未必一人，如〈天官・序官〉云：

「治官之屬：大宰卿一人，小宰中大夫二人，宰夫下大夫四人，上士八人，中士十有六人，旅下士三十有二人。」

又未必一人一職，容或亦有兼職者焉，故甚難統計其確切人數。如〈地官・序官〉：

「山虞，每大山中士四人，下士八人；中山下士六人；小山下士二人。」

又「林衡」、「川衡」、「澤虞」等職亦然，山林川澤各有大中小，其數不詳，則人員亦無法估算。可計者自命官至下士共有二五二六六人，全國人民總數雖不可知，但官職如此之多，想見蓋有兼官者焉。

(五)序官之法

(1)以義類相從。〈天官・序官・宮正〉下賈疏云：「凡六官序官之法，其義有二：一則以義類相從，謂若宮正、宮伯同主宮中事；膳夫、庖人、外內饔同主造食，如此之類，皆是類聚群分，故連類序之。」

(2)以緩急為次第。賈疏又云：「二則凡次序六十官，不以官之尊卑為先後，皆以緩急為次第，故此宮正之等，士官為前，內宰等大夫官為後也。」

又〈春官・序官・鬱人〉下賈疏云：「凡敘官不以官尊為先後，有以緩急，急者為先。鬱人為首者，祭祀宗廟先灌，灌用鬱，故其職云：掌陳器。故宜先陳也。」

(六)職等

依序官所見，全書官屬可分三類：

(1)命官：即王臣，朝廷任命之官員，有卿（上大夫）、中大夫、下大夫、上士、中士、下士六等。

(2)執事：府、史、胥、徒、賈、旅六等。

(3)役隸：奄、女、奚三等。

執事人員是庶人經徵調而在官府服務者：

府　〈天官・序官〉鄭注云：「府，治藏。」是專管檔案資料的人。

史　鄭注云：「史，掌書者。」是負責制作文書的人。

賈　〈天官・序官・庖人〉下鄭注云：「賈主市買，知物賈。」專司採購事務的人，全書並不多見。

胥　〈天官・序官・大宰〉下鄭注云：「胥讀如諝，謂其有才智為什長。」十人之長，猶後世所謂之領班、班頭，管下十徒。

徒　鄭注云：「此民給徭役者，若今衛士矣。」供差使奔走之差役。

旅　〈天官・序官・小宰〉下鄭注云：「旅，眾也。」是旅非官銜，不過人眾而已。

奄、女、奚者　〈天官・序官・酒人〉下鄭注云：「奄，精氣閉藏者，今謂之宦人；女酒，女奴曉酒者，古者從坐，男女沒人縣官為奴，其少才知以為奚。」

以上諸職等人員編制，蓋或有其相對之比例原則，然亦視其職掌之多寡而有出入，其通例大致為：

(1)命官上下相差以倍，如大宰一人，小宰二人，宰夫四人之類。

(2)史倍於府，如〈大宰〉之下府六人，史則十有二人之類；然〈掌次〉之下府四人，史二人；

又〈鬱人〉、〈司尊彝〉、〈司几筵〉、〈天府〉、〈司服〉、〈磬師〉、〈典庸器〉等職皆府倍於史，大抵職掌府藏之事多，文書之事少故耳，王引之《經義述聞》卷八謂蓋上下文之訛誤，亦備一說。書中亦有府史人數相等者。

(3)史、胥有人數相等者，亦有相差以倍者，如〈宮人〉下史四人，胥八人，亦有不定者。

(4)胥十倍於徒，如〈條狼氏〉下胥六人，徒十有二人；惟〈玉府〉下胥四人，徒四十有八人為異。

(5)奄、女、奚則視該職之需要而定，常見奚十倍於女，女奚蓋猶之於胥徒也。

(七)建制

〈天官・大宰〉之職：

「乃施典于邦國，而建其牧，立其監，設其參，傅其伍，陳其殷，置其輔。」牧、監，參、伍、殷、輔，此邦國之建制也。

「乃施則于都鄙，而建其長，立其兩，設其伍，陳其殷，置其輔。」長、兩、伍、殷、輔，此都鄙之建制也。

「乃施法于官府，而建其正，立其貳，設其考，陳其殷，置其輔。」正、貳、考、殷、輔，此一般官府之建制也。

鄭玄注曰：「以侯伯有功德者，加命作州長，謂之牧，所謂八命作牧者。監、謂公侯伯子男各監一國。《書》曰：王啟監，厥亂為民。參謂卿三人。伍謂大夫五人。鄭司農云：殷，治律。輔，為民之平也。玄謂殷、眾也，謂眾士也。輔、府、史，庶人在官者。」

又曰：「長，謂公卿大夫王子弟食采邑者。兩謂兩卿，不言三卿者，不足於諸侯。鄭司農云：兩謂兩丞。」

又曰：「正謂冢宰、司徒、宗伯、司馬、司寇、司空也。貳謂小宰、小司徒、小宗伯、小司馬、小司寇、小司空也。考，成也，佐成事者，謂宰夫、鄉師、肆師、軍司馬、士師也。司空亡，未聞其考。」故正為單位機構之首長，貳為副首長，考為協助佐理事務之重要官員，殷輔都是辦事的人員。

(八)職掌

序官以下分別敘述各官專司之職掌，是乃本書正文之所在，大至國家體制，政治經濟，小至市場交易，士民婚娶，無所不包，無官不治。其敘職之原則有二：

1. **先總後分**　如〈天官・膳夫〉之職先云：

「掌王之食飲膳羞，以養王及后、世子。」此言其總職，再曰：

「凡王之饋，食用六穀，膳用六牲，飲用六清，羞用百有二十品，珍用八物，醬用百有二十罋。」再云：

「掌后及世子之膳羞。」此即分別述之也。

2.先專後凡：先述專職，再分述其凡別　如〈地官．媒氏〉之職首言其專職云：

「掌萬民之判（鄭注云：「判，半也。」）。」再云：

「凡男女自成名以上，皆書年月日名焉。」鄭注：「鄭司農云：『成名，謂子生三月父名之。』」又云：

「令男三十而娶，女二十而嫁。」又云：

「凡娶判妻（即娶妻）入子（鄭玄謂容媵姪娣不聘之者）者，皆書之。」又云：

「凡男女之陰訟，聽之于勝國之社，其附于刑者，歸之于士。」是皆個別之事列之於後也。

(九)官稱

《周禮》設官分職，官稱之命名，率多有義，如：

(1)宰　主宰．主官。總領群官，非專司一職，大宰、小宰之類是。

(2)伯　尊長。大宗伯．宮伯之類是。

(3)司　主也，專主其事。司寇、司馬、司會、司書、司諫之類是。

(4)正　亦長也。宮正為宮官之長，酒正為酒官之長之類是。

(5)夫　有二義：

a長也。膳夫為食官之長。

b差役。馭夫為戎僕、道僕、田僕之役。

(6)師　有專業可師法者。醫師、舞師、縣師之類是。

(7)人　以事名官者。庖人、亨人、獸人之類是。

(8)掌　有四義：

a負責管制者。掌皮、掌次、掌節之類是。

b負責徵斂者。掌葛、掌染草、掌貨賄之類是。

c負責修整者。掌固（修城郭溝池樹渠）之類是。

d負責糾正者。掌囚、掌訝、掌察、掌戮之類是。

(9)府　專管財貨府藏。大府、外府、內府、玉府等是。

(10)史　專掌文書。大史、小史、女史、內史等是。

(11)職　專司財貨出入者。職內、職歲、職幣、職金等是。

(12)典　亦主也，主持工作。典婦功、典瑞等是。

(13)氏　世功而有官族者。馮相氏（掌天文）、保章氏（天象變遷）、條狼氏（清道禁戎）・師氏、保氏等是。

(14)虞　度也，度其出產之多少者。山虞、澤虞等是。

(15)衡　量也，量其出產之多少者。川衡、林衡等是。

(16)宗　王族之有爵位者。內宗、外宗等是。

(17)祝　贊助祭祀者。大祝、小祝、喪祝、詛祝等是。

(18)僕　侍御於尊長者。大僕、祭僕、戎僕、御僕等是。

(19)隸　專司勞役者。司隸、罪隸、蠻隸、閩隸等是。

(20)胥　有才智者之稱。大胥、小胥（司樂）、象胥（通夷狄之言者，翻譯）。

(21)士　司獄訟之事者。鄉士、遂士、方士、訝士等是。

(22)大夫　尊其賢德，故稱大夫。鄉大夫、遂大夫等是。

(23)內外　別內外之權限。

(24)訓　曉諭眾民者。土訓、誦訓等是。

(25)均　掌土地之政者。均人、土均等是。

(一〇)官聯

〈天官・大宰〉之職曰：

「以八法治官府：一曰官屬，以舉邦治；二曰官職，以辨邦治；三曰官聯，以會官治。」

鄭注引鄭司農云：「官聯謂國有大事，一官不能獨共（供），則六官共舉之。聯讀為連，古書連作聯，聯謂連事，通職相佐助也。〈小宰〉職曰：以官府之六聯合邦治：一曰祭祀之聯事，二曰賓客之聯事，三曰喪荒之聯事，四曰軍旅之聯事，五曰出役之聯事，六曰斂弛（農作收成・賙急賑災）之聯事。」

鄭注所舉六類事物而已，〈小宰〉之職文同。〈大宰〉末云：「凡小事皆有聯。」注引鄭司農說舉「大祭祀，大宰贊玉幣，司徒奉牛牲，宗伯視滌濯，蒞玉鬯，省牲鑊，奉玉齍，司馬羞魚牲，奉馬牲，司寇奉明水火。大喪，大宰贊贈玉，含玉，司徒帥六鄉之眾庶，屬其六紼，宗伯為上相，司馬平士大夫，司寇前王，此所謂官聯。」

是則祭祀、賓客、喪荒、軍旅、出役、斂弛等為聯之大事，至於其他有以通職而聯事者，事屬瑣細，則凡小事皆有聯之所指也。

八法為官府致治之重要依據，由冢宰總攝其綱，撮舉大要，小宰副之，贊治其詳，然後官職有統有守而不紊，至於會官聯事，細節則備見於各官職之內，以為官府運作之依據，而由〈天官・小宰〉、〈司書〉、〈司會〉、〈春官・大史〉等職掌理之。

一事之繁瑣者，若非一官之力所能治，則宜合眾官以協成；一事之要，必待眾官合力而得舉，則不能僅賴一官足任，故官聯者聯數官以成事也。凡官皆有所屬，其事隸於同官，而非同一部門者，是為同官之聯；事隸於異官之不同部門者，是為異官之聯。孫詒讓《周禮正義》〈小宰〉之職下曰：

「凡官聯，有同官之聯事，若司市、司門、司關為聯事，同屬地官是也。有異官之聯事，若祭祀・喪祭，六官之長為聯事是也。異官之屬，亦多相與為聯事，若〈量人〉云：凡宰祭，與〈鬱人〉受斝（鄭玄云讀如嘏），歷而皆飲之。是夏官之屬與春官之屬為聯事也。」按〈鬱人〉之職曰：「大祭祀，與〈量人〉受舉斝之卒爵而飲之。」此《周禮》本文即有互見異官之聯事也。又如：

〈地官・司門〉之職曰：「掌授管鍵，以啟閉國門，幾出入不物者，正其貨賄，凡財物犯禁者舉之。」〈司關〉之職曰：「掌國貨之節，以聯門、市。」門即〈司門〉，市即〈司市〉，司門掌國門之啟閉，稽征貨物出入之稅，司關按驗璽節，掌貨物之出入，徵其稅收，貨物流通於市中，再由司市復加檢驗，三官均在〈地官〉，是為同官之聯事。又如：〈夏官・大僕〉之職曰：「王射，則贊弓矢。」而〈夏官・繕人〉之職曰：「掌王之用弓弩矢箙矰弋抉拾，掌詔王射，贊王弓矢之事。」是亦同官之聯也。又〈夏官・掌舍〉之職曰：「掌王之會同之舍，設梐枑再重，設車宮轅門，為壇壝宮棘門，為帷宮，設車門，無宮則共人門，凡舍事則掌之。」〈夏官・虎賁氏〉：「舍則守王閑」鄭注云：「閑，梐枑。」〈夏官・司戈盾〉：「及舍設藩盾，行則斂之。」棘門所用。〈夏官・典路〉：「凡會同軍旅，弔于四方，以路從。」即輚門。〈春官・司常〉：「會同賓客亦如之，置旌門。」此異官之聯也。

凡官府之治，有連事通職所共者，官聯也。有各職當官所常行者，官常也。各官領其常行之職，則事不相紊，而官不相犯，故官常主分，而官聯主合。孫詒讓《周禮正義》〈大宰〉之職下曰：「官常主分，與官聯主合，義正相反。」

(二) 主要思想

《周禮》全書只是條列式的官職說明，並未昌言任何思想理論，然而即在諸官職之說明，及諸行政體系之中，自可體察其主體思想之寓寄，約略言之如下：

1. 民本思想

我國古代一向主張「民為邦本，本固邦寧」（《書・五子之歌》）、「天視自我民視，天聽自我民聽」（《書・泰誓》），一切行政措施均以人民為主體，是為民本。民本並非民主。其最大不同點，民本為政府主動，人民被動；民主則人民主動，政府被動。故古代雖有所謂君王專制政體，卻非如西方視人民為奴隸牛馬之暴虐政治，我國人君大都皆能以愛民、教民、保民、養民為己任。

梁啟超《先秦政治思想史》：「我國有力之政治思想，乃欲在君主統治下，行民本之精神。」

蕭公權《中國政治思想史》：「民本思想，乃是以人民為政治之本體。」

民本思想既是以人民為政治本體，故一切行政措施必須以人民利益為前提，政治組織中的君主或領導者只是政治機器的一部份而已，而且領導人又必須具備宏識、才具、愛心，及道德水準。故《禮記・中庸》：「非天子不議禮、不制度、不考文。」

《禮記・經解》：「天子者，與天地參，故德配天地，兼利萬物，與日月並明，明照四海而不遺微小。」

《周禮》所呈現之民本思想主要即在教民、養民、治民：

(1)教民：

〈地官・大司徒〉之職曰：「因此五物者民之常，而施十有二教焉：一曰以祀禮教敬，則民不苟；二曰以陽禮教讓，則民不爭；三曰以陰禮教親，則民不怨；四曰以樂禮教和，則民不乖；五曰以儀辨等，則民不越；六曰以俗教安，則民不偷；七曰以刑教中，則民不虣；八曰以誓教恤，則民不怠；九曰以度教節，則民知足；十曰以世事教能，則民不失職；十有一曰以賢制爵，則民慎德；十有二曰以庸制祿，則民興功。」

又曰：「以鄉三物教萬民，而賓興之，一曰六德：知仁聖義忠和；二曰六行：孝友睦婣任恤；三曰六藝：禮樂射御書數。」

又曰：「以五禮防萬民之偽，而教之中；以六樂防萬民之情，而教之和。」

〈鄉大夫〉之職曰：「各掌其鄉之政教禁令，正月之吉，受教法于司徒，退而頒之于其鄉吏，使各以教其所治，以考其德行，察其道藝。」其餘州長、黨正、旅師、族師、閭胥等職皆有「讀法」以教民，糾其過惡而戒之之作為。又〈師氏〉、〈保氏〉之職係貴族教育之內容，是皆所以教民者也。

(2)養民：

〈天官・大宰〉之職曰：「以九職任萬民：一曰三農生九穀；二曰園圃毓草木；三曰虞衡作山澤之材；四曰藪牧養蕃鳥獸；五曰百工飭化八材；六曰商賈阜通貨賄；七曰嬪婦化治絲枲；八曰臣妾聚斂疏材；九曰閒民，無常職，轉移執事。」

〈地官・大司徒〉之職曰：「以土宜之法，辨十有二土之名物，以相民宅，而知其利害，以阜人民，以蕃鳥獸，以毓草木，以任土事。」

又曰：「以保息六養萬民：一曰慈幼，二曰養老，三曰振窮，四曰恤貧，五曰寬疾，六曰安富。」

又曰：「以本俗六安萬民：一曰媺宮室，二曰族墳墓，三曰聯兄弟，四曰聯師儒，五曰聯朋友，六曰同衣服。」

又曰：「以荒政十有二聚萬民：一曰散利，二曰薄征，三曰緩刑，四曰弛力，五曰舍禁，六曰去幾，七曰眚禮，八曰殺哀，九曰蕃樂，十曰多昏，十有一曰索鬼神，十有二曰除盜賊。」

《孟子・梁惠王》：「明君制民之產，必使仰足以事父母，俯足以畜妻子，樂歲終身飽，凶年免於死亡。」故《周禮》除正面之養民外，更顧慮到荒年凶歲應有之措施，可謂周全矣。

(3)治民：

〈天官・大宰〉之職曰：「以八統詔王馭萬民：一曰親親，二曰敬故，三曰進賢，四曰使能，五曰保庸，六曰尊貴，七曰達吏，八曰禮賓。」

〈地官・大司徒〉之職曰：「以鄉八刑糾萬民：一曰不孝之刑，二曰不睦之刑，三曰不婣之刑，四曰不弟之刑，五曰不任之刑，六曰不恤之刑，七曰造言之刑，八曰亂民之刑。」

〈秋官・大司寇〉之職曰：「掌建國之三典，以佐王刑邦國，詰四方。一曰刑新國用輕典；二曰刑平國用中典；三曰刑亂國用重典。」

〈秋官・小司寇〉之職曰：「掌外朝之政，以致萬民而詢焉：一曰詢國危，二曰詢國遷，三曰詢立君。以五聲聽獄訟，求民情：一曰辭聽，二曰色聽，三曰氣聽，四曰耳聽，五曰目聽。以八辟麗邦法，附刑罰：一曰議親之辟，二曰議故之辟，三曰議賢之辟，四曰議能之辟，五曰議功之辟，六曰議貴之辟，七曰議勤之辟，八曰議賓之辟。」

2.**禮法思想**

《周禮》是含有法的觀念，但與秦漢間純粹法家思想，以法律為維護君權，張皇君威之工具，苛法酷吏，擅作威福者，其基本觀念固不相同，即與現代法律觀念，以個人為本位，以權力為重心，以自由平等為基礎者亦不相同。

《周禮》之官政治民，是以禮樂教化為中心，以達於移風易俗之治本效果，亦即以禮樂為工具，塑成社會共同之生活規律，以維護傳統之道德觀念。然此僅具精神上之規範作用，缺乏形式上之約束力量，自須法治功能以為輔弼，基於這樣的認識，乃可瞭解《周禮》法治思想之主要價值即在於輔弼教化，亦即禮法合一之精神。此固儒家之本體思想也。故《尚書・洪範》曰：「汝則有大疑，謀及乃心，謀及卿士，謀及庶人。」亦皆所以重民意以為斷也，非任法獨裁之謂。

如〈秋官・小司寇〉之職曰：「以三刺斷庶民獄訟之中：一曰訊群臣，二曰訊群吏，三曰訊萬民，聽民之所刺、宥，以施上服下服之刑。」與《孟子・梁惠王下》：「左右皆曰可殺，勿聽，諸大夫皆曰可殺，勿聽，百姓皆曰可殺，然後察之，見可殺焉，然後殺之。」其意相同。

《周禮》除六典、八法、八則等重要法典由〈大宰〉、〈小宰〉、〈宰夫〉等官職掌之外，其他小法甚多，每見於各處，如：

酒之政令，又酒之頒賜皆有法以行之，見於〈酒正〉；式法見於〈職幣〉；書版圖之法，婦職之法見於〈內宰〉；婦學之法見於〈九嬪〉；土會之法、土宜之法、土均之法、土圭之法見於〈大司徒〉；國比之法見於〈鄉師〉；邦法見於〈黨正〉；任土之法見於〈載師〉；土化之法見於〈草人〉；司馬之法見於〈司兵〉；邦典、邦法、邦成見於〈大司寇〉；八辟麗邦法見於〈小司寇〉；荒辯之法見於〈士師〉；外朝之法見於〈朝士〉；五刑之法見於〈司刑〉；三刺、三宥、三赦之法見於〈司刺〉；盟載之法見於〈司盟〉；五隸之法見於〈司隸〉；此外尚有諸多法典，然多為教導人民如何生活之方法之類，未必屬於法律、法令也。

此外如經濟思想、教育思想、外交思想、軍事思想等諸多可述者，可待之來日也。

陸、〈冬官〉及〈考工記〉

一、〈冬官〉之存亡問題

(一)原為六官而〈冬官〉亡佚

※鄭玄《三禮目錄》云：「〈司空〉之篇亡，漢興，購求千金不得，此前世議其事者，記錄以備大數，古《周禮》六篇畢矣。」據此則意謂〈冬官〉亡於西漢以前。

※《隋書・經籍志》：「漢時有李氏得《周官》，《周官》蓋周公所制官政之法，上於河間獻王，獨缺〈冬官〉一篇，獻王購之千金不得，遂取〈考工記〉以補其處，合成六篇奏之。」意謂河間獻王所補。

※《漢書・藝文志》「《周官經》六篇」師古注云：「即今之《周官禮》也，亡其〈冬官〉，以

〈考工記〉充之。」

※陸德明《經典釋文・敘錄》：「河間獻王開獻書之路，時有李氏上《周官》五篇，失事官一篇，乃購以千金不得，取〈考工記〉以補之。」

是自鄭玄以下，多承其說，宋王應麟、元吳澂等皆同謂〈冬官〉亡佚。

(二)《周禮》六官〈冬官〉未亡

※宋蘇轍云：「《周官》〈司徒〉掌邦教，敷五典，〈司空〉掌邦土，居四民，世傳《周禮》缺〈冬官〉，未嘗缺也，乃〈冬官〉事屬之〈地官〉。」（《經義考》卷一二〇引）

※程大昌云：「〈冬官〉之屬才卄八，而五官各有羨數，考〈冢宰〉之屬各六十，今〈天官〉六十三，〈地官〉七十八，〈春官〉七十，〈夏官〉六十九，〈秋官〉六十六，蓋斷簡失次，名實散亡，取羨數凡百工之事，歸之〈冬官〉，其數乃周。」（《經義考》卷一二〇引）

※俞廷椿《周禮・復古篇》：「蓋嘗紬繹是書，伏而讀之，〈司空〉之篇實未盡亡也。六官之屬誠有顛錯雜亂而未盡正者，編次而辨正之，庶幾西周之盛可尋，而六篇之掌各得其所。」

又云：「今五官之羨者四十有二，而其六十員之中又未必盡其官屬，乃〈司空〉之屬俱亡，今取其羨與其不宜屬者而考之，蓋〈司空〉之篇可得而考焉。」

其後王與之《周禮訂義》、元初邱葵《周禮補亡》、吳澄（見皮錫瑞《經學通論》引）、明方孝孺〈周禮考次目錄序〉（《古今圖書集成》引）、薛瑄（《經義考》卷一二〇引）、何喬新《周禮注解》等說略同。

㈢《周禮》六官〈冬官〉非缺

※郝敬云：「《周禮》非闕也，而世儒以為闕，〈考工記〉非補也，而世儒以為補，非闕而使人疑其為補，是書所以奇也，五官之文直而正，〈考工記〉之文典而奇，疑其裁自兩手，而不知其同也。」（《經義考》卷一二〇引）是謂二者原出一手，所以示奇，故附於其後。

※《經義考》卷一二〇引胡宏云：「世傳《周禮》闕〈冬官〉，未嘗闕也，乃劉歆妄以〈冬官〉事屬之〈地官〉。」

※元何異孫《十一經問對》云：「先儒疑《周禮》非周公全書，大綱是周公作，未全備而公歿，故全書缺〈冬官〉一篇。」（載《通志堂經解》）是謂周公原作即五篇也。

※清江永《周禮疑義舉要》：「《周禮》本是未成之書，闕〈冬官〉，漢人求之不得，以〈考工記〉補之，恐是當時原闕也。」（載《皇清經解》正編）

何按：

(1)《周禮・天官・小宰》之職明言六官，則原書絕非五官可知，周公未竟而歿之說尤不可信。

(2)「其屬六十」之語本舉成數而言，不得執泥六十而減其羨餘盡歸〈冬官〉也。若邱葵強割

陸、〈冬官〉及〈考工記〉

五官之屬以補入〈冬官〉，稱為《周禮》之定本，更自炫云：「燦然在目，完如全書。」誠可謂膽大妄為者矣。

(3)《周禮》六官，〈冬官〉亡佚之說是也。

二、〈考工記〉之時代

蕭子顯《南齊書·文惠太子傳》：「建元元年，襄陽有盜，發古冢，相傳是楚王冢，大獲寶物，玉屐，玉屏風，竹簡書，……後人有得十餘簡，以示撫軍王僧虔，僧虔云是科斗書〈考工記〉，《周官》所闕文也。」又《南史·王曇首傳》所載文字略同。所謂科斗文當是戰國時之書體，所得亦自是戰國時之竹簡也。故賈公彥疏云「要知在於秦前」是也。又宋呂東萊云：「〈考工記〉其文閎偉鉅麗，亦先秦古書也。」(四庫珍本毛應龍《周官集傳》卷十三引)

江永《周禮疑義舉要》云：「〈考工記〉，東周後齊人所作也。其言『秦無廬、鄭之刀』，厲王封其子友，始有鄭；東遷以西周故地與秦，始有秦，故知為東周時書。其言『橘踰淮而北為枳，鸜鵒不踰三齊，貉踰汶則死。』皆齊、魯閒水，而『終古、戚速、椑茇』之類，鄭注皆以為齊人語，故知齊人所作也。蓋齊、魯閒精物理，善工事，而工文辭者為之。」江氏之說極精，蓋東周以後齊人所作是也。

梁啟超《古書真偽及其時代》云：「他的第一段便說『粵無鎛，燕無函，秦無廬，胡無弓車。』燕是到春秋中葉才和諸侯往來的，秦是到東周初才立國的，粵、胡是到戰國末才傳名到中國，因此可知〈考工記〉是戰國末的書。」也是依據內容所載判定其時代的。

郭沫若《十批判書》定其為「春秋年間的齊國官書。」

何按：大致指為戰國或稍前之作，當無問題。

三、〈考工記〉之補入《周禮》

※鄭玄謂「前世識其事者，記錄以備大數。」語極含糊，亦極謹慎。

※《禮記・禮器》孔疏云「至漢孝文帝時，求得此書，不見〈冬官〉一篇，乃使博士作〈考工記〉補之。」如是博士所為，當即名為〈冬官〉，不必題曰〈考工記〉矣，此說殊不可信。

※《隋志》、《經典釋文・敘錄》謂河間獻王取而補之。按其本傳謂李氏所上，皆無可徵驗者。

※賈公彥〈敘周禮廢興〉引〈馬融傳〉云：「劉歆足之。」今《後漢書》無此文句，亦不可信。

何按：要以近古之說為是，詳則無可考矣。

柒、《儀禮》述要

一、名義

《史記・儒林傳》：「言禮自魯高堂生。」

《漢書・藝文志》：「高堂生傳士禮十七篇，迄孝宣世，后倉最明，戴德、戴聖、慶普皆其弟子，三家立於學官。」所謂禮，即指《儀禮》而言。又后氏受禮於孟卿，孟氏受業於蕭奮，皆溯源自高堂生（見《後漢書・衛宏傳》）又后倉著書於曲臺殿，稱《后氏曲臺記》，其弟子尚有聞人通漢，聞人無傳，故鮮知名。

王充《論衡・謝短》言高祖詔叔孫通制作《儀品》十六（依《後漢書》當是十二）篇，不傳，復定《儀禮》，見在十六篇，秦火之餘也。此《儀禮》之名之首見者，十六篇者，古本〈少牢饋食禮〉與〈有司徹〉相連為一篇。然黃以周〈讀漢書禮樂志〉說此十六篇非高堂生所傳之《儀禮》。

愚以為是即《儀禮》也，漢人加入〈喪服〉一篇，遂為今本之十七篇也。兩漢之稱《禮》若《禮經》者，皆指謂《儀禮》。至如《禮記・禮器》所云「《經禮》三百」，經禮亦即《禮經》，《禮記・中庸》「《禮儀》三百」，《禮儀》亦即《儀禮》也。直至《後漢書・鄭玄傳》「玄所注有《儀禮》」《儀禮》始得正名，馬端臨《文獻通考》引張淳曰：「漢初未有《儀禮》之名，疑後學者見十七篇中有儀有禮，遂合而名之。」愚謂此十七篇皆以記禮之儀文，因名為《儀禮》或《禮儀》也，尊之為經，故亦稱《禮經》。

二、作者

1.周公所作

孔穎達《禮記正義・序》云：「成王幼弱，周公攝政，六年，制禮作樂，但所制之禮，則《周官》、《儀禮》也。」

賈公彥《儀禮・疏・序》云：「《周禮》、《儀禮》發源是一，理有終始，分為二部，並是周公攝政太平之書。」

2. 非周公所作

《經義考》引樂史舉《儀禮》可疑者五，末云：「使周公當太平之時，豈不說天子之禮？」

3. 漢儒為之

《經義考》引徐積云：「蓋多出於漢儒喜行其私意，或用其師說，或利其購金而為之爾。」

4. 孔子所定

邵懿辰《禮經通論》云：「《禮》十七篇蓋孔子所定，〈檀弓〉云：『恤由之喪，哀公使孺悲學〈士喪禮〉于孔子，〈士喪禮〉於是乎書。』據此則〈士喪〉出於孔子，其餘篇亦出於孔子可知。漢以十七篇立學，尊為經，以其為孔子所定也。」梁啟超《古書真偽及其年代》說同。

何按：

(1)《禮記・曲禮下》：「居喪未葬，讀喪禮，既葬，讀祭禮。」是則可讀之禮文早已具備，且已相當通行。

(2)《莊子・天運》列有六經之名，則知絕非漢儒之作。

(3)《論語・季氏》記伯魚答陳亢之問曰「鯉退而學《詩》」、「鯉退而學《禮》」。《詩》、《禮》

如非實有具文，何以得並謂之學也？

(4)既屬可讀可學，且已相當通行於先秦、孔子之時，則謂孔子所定，自為可能。甚至若謂周公取殷禮以整理增飾而成，亦未必不可也。

三、體制

1. 漢初高堂生傳十七篇

《史記・儒林傳》云：「言禮，自魯高堂生。」又云：「諸學者多言禮，而魯高堂生最，本禮，固自孔子時，而其經不具，及秦焚書，書散亡益多，於今獨有士禮，高堂生能言之。」

《漢書・藝文志》：「漢興，魯高堂生傳士禮十六篇。」十六者，古本〈少牢饋食禮〉與〈有司徹〉不分篇，且未加入〈喪服〉故也。

《隋書・經籍志》載「《儀禮》十七卷，鄭玄注。」即今本是也。

2. 十七篇之次第

據鄭玄《三禮目錄》及賈疏所載傳本有三種：一為大戴本，一為小戴本，一為劉向《別錄》

本，又一九五九年甘肅武威縣出土之漢簡本《儀禮》殘卷為第四種本，其篇次皆各不同。茲列其篇次對照如下：

大戴本	小戴本	別錄本	武威本
1 士冠禮	1 士冠禮	1 士冠禮	
2 士昏禮	2 士昏禮	2 士昏禮	
3 士相見禮	3 士相見禮	3 士相見禮	3 士相見禮
4 士喪禮	4 鄉飲酒禮	4 鄉飲酒禮	
5 既夕禮	5 鄉射禮	5 鄉射禮	
6 士虞禮	6 燕禮	6 燕禮	
7 特牲饋食禮	7 大射儀	7 大射儀	
8 少牢饋食禮	8 士虞禮	8 聘禮	8 喪服・傳
9 有司徹	9 喪服	9 公食大夫禮	
10 鄉飲酒禮	10 特牲饋食禮	10 覲禮	10 特牲饋食禮
11 鄉射禮	11 少牢饋食禮	11 喪服	11 少牢饋食禮
12 燕禮	12 有司徹	12 士喪禮	12 有司徹
13 大射儀	13 士喪禮	13 士喪禮下	13 燕禮
14 聘禮	14 既夕禮	14 士虞禮	14 泰射
15 公食大夫禮	15 聘禮	15 特牲饋食禮	
16 覲禮	16 公食大夫禮	16 少牢饋食禮	
17 喪服	17 覲禮	17 少牢下	

這樣的對照表，其實也看不出甚麼道理。但如稍加分類，如依大戴本來看，前三篇冠禮是成年之禮，昏禮是成家之禮，成人成家之後，出外訪客，賓主相見等，那都是屬於個人行為的禮，可以合為一類，為第一組。4、5、6三篇原即相連，都是喪禮，可以和17的〈喪服〉一篇，合為一類，為第二組。7、8、9三篇，都是祭禮，合成第三組。10、11、12、13四篇都是群眾的社會活動禮節，合為一類，是為第四組，14、15、16三篇都是朝廷禮節，合成一類，是為第五組。經過這樣分類之後，再來看大戴本的篇次，當可瞭解大戴在學官中講授《儀禮》時，是先講個人行為的禮，其次再講家庭的喪禮與祭禮，然後再講社會群眾團體之禮，最後才講朝廷禮節，層次分明，而且很實用。以這種方式來看小戴本的次序，則是個人行為禮節之後，接著就是踏入社會所需的禮，很明顯地把喪、祭禮給延後了，把〈士虞禮〉〈喪服〉相連是對的，但將〈士喪禮〉和〈既夕禮〉移到後面13、14的位置，則是說不過去的。再看別錄本，更把喪、祭二禮再延至最後，這也說明了當時已有不太重視喪、祭的現象。武威本不全，難作比較。

賈公彥《儀禮・疏》云：「《儀禮》見其行事之法賤者為先，故以〈士冠〉為先，無大夫冠禮，諸侯冠次之，天子冠又次之。其昏禮亦士為先，大夫次之，諸侯次之，天子為後。諸侯鄉飲酒為先，天子鄉飲酒次之。〈鄉射〉、〈燕禮〉以下皆然。又以〈冠〉、〈昏〉、〈士相見〉為先後者，以二十而冠，三十而娶，四十強而仕，即有摯見鄉大夫，見已君，及見來朝諸侯之等，又為鄉大夫、州長行鄉飲酒、鄉射之事，以下先吉後凶，盡則行祭祀吉禮，次序之法，其義可知。」賈說全依今本（亦即別錄本）為說，未見可從。

四、經・傳・記

十七篇中之正文皆《禮經》也。

經文之中雜有傳文，而傳中復又有傳者，如〈喪服〉齊衰期章「出妻之子為母」條下曰：「傳曰：『出妻之子為母期，則為外祖父母無服。傳曰：「絕族，無施服，親者屬。」』」類此傳中有傳者，計有十三則。賈疏於〈喪服第十一〉大標題下云：「〈喪服〉所陳，其理深大，今之所釋，且以七章明之。」其第六云：「明作傳之人，又明作傳之義。傳曰者，不知是誰人所作。人皆云孔子弟子卜商，字子夏所為。案《公羊傳》是公羊高所為，公羊高是子夏弟子，今案《公羊傳》有云者何、何以、曷為、孰謂之等，今此傳亦云者何・何以、孰謂、曷為等之問，師徒相習，語勢相遵，以弟子卻本前師，此傳得為子夏所作，是以師師相傳，蓋不虛也。其傳內更云傳者，是子夏引他舊傳以證己義。《儀禮》見在一十七篇，餘不為傳，獨為〈喪服〉作傳者，但〈喪服〉一篇揔包天子已下五服差降，六術精麤，變除之數既繁，出入正殤交互，恐讀者不能悉解其義，是以特為傳解。」

記，十七篇中篇末附有記文者凡有十二處，如：〈士冠禮〉、〈士昏禮〉、〈鄉飲酒禮〉、〈鄉射禮〉、〈燕禮〉、〈聘禮〉、〈公食大夫禮〉、〈覲禮〉、〈喪服〉、〈既夕禮〉、〈士虞禮〉、〈特牲饋食禮〉。篇末未附記文者僅〈士相見禮〉、〈大射儀〉、〈士喪禮〉、〈少牢饋食禮〉、〈有司徹〉五篇而已，又記文必附於篇末，而〈士喪禮〉及〈少牢饋食禮〉均屬上篇，原當無記文，是則僅三篇之末未見有記，此即《禮記》之最初型態，所謂附經而作者。

〈士冠禮・記〉下賈疏云：「凡言記者，皆是記經不備，兼記經外遠古之言。鄭注〈燕禮〉云：後世衰微，幽厲尤甚，禮樂之書，稍稍廢棄，蓋自爾之後有記乎？又案〈喪服・記〉，子夏為之作傳，不應自造，還自解之，記當在子夏之前，孔子之時，未知定誰所錄。」

五、禮古經

《漢書・藝文志》曰：「禮古經者出於魯淹中及孔氏，與七十（劉敞云當作十七）篇文相似，多三十九篇，及〈明堂陰陽〉、〈王史氏記〉，所見多天子、諸侯、卿、大夫之制，雖不能備，猶瘉倉等推士禮而致於天子之說。」

《漢書・魯恭王傳》：「魯恭王壞孔子舊宅，於其壁中得古文經傳。」

劉歆〈讓太常博士書〉：「魯恭王壞孔子宅，得古文於壞壁之中，逸《禮》有三十九，天漢（武帝四十年年號，西元一〇〇年）之後，孔安國獻之，遭巫蠱倉卒之難，未及施行，藏於秘府，伏而未發。」

《漢書・景十三王傳》：「河間獻王所得書，皆古文先秦舊書：《周官》、《禮》、《禮記》、《孟子》、《老子》之屬。」

王充《論衡・逸文篇》：「恭王壞孔子宅以為宮，得《尚書》百篇、《禮》三百。」又云：「宣帝時河內女子壞老屋，得〈逸禮〉一篇，六十篇中，何篇是者？」

鄭玄《六藝論》：「後得孔氏壁中，河間獻王古文《禮》五十六篇，……其十七篇與高堂生所傳同，而字多異。」（《經典釋文》引）

以上皆漢代文獻所載資料，漢以下則不論。然已可知：

(1)禮古經之出世共有三次。一為孔壁，二為魯之淹中（里名），三為河內女子所得。王國維《觀堂集林・漢時古本諸經傳考》謂禮經本有三：一為淹中本，二為孔壁本，三為河間本。

(2)禮古經五十六篇，與今文重複者十七篇除外，尚多三十九篇，惜今已亡佚不見。班固、鄭玄當曾見過，故鄭玄謂「字多異」，注中亦嘗雜引。元吳澄謂唐初猶存，後亡。

宋王應麟《玉海》：「逸禮三十九，其篇名頗見於他書：

〈天子巡狩禮〉見《周官・內宰》注。

〈朝貢禮〉見〈射人〉注。

〈蒸嘗禮〉見〈聘禮〉注。

〈中霤禮〉見〈月令〉注及〈詩・泉水〉注。

〈王居明堂禮〉見〈月令・禮器〉注。

〈古明堂禮〉見〈蔡邕論〉。

又〈奔喪・疏〉引逸《禮》云：『皆升合食於太祖。』〈王制・疏〉引逸《禮》云：『三皇禪云云，五帝禪亭亭。』《論衡》謂宣帝時河內女子壞老屋，又得逸《禮》一篇，合五十七，斷珪碎璧，皆可宗也。」所可知者僅於此矣。

六、禮圖簡介

禮圖為注釋三禮之一支，與文字之注疏相輔相成。故王應電《周禮圖說・序》云：「古稱左圖右書，凡書所不能言者，非圖無以彰其形，圖所不能畫者，亦非書無以盡其意，此古人所以不偏廢也。」

禮圖之製作甚早，可謂與注疏同時並行，相沿歷代作者亦頗豐，朱彝尊《經義考》所列已有六七十種之多，清人之作，朱氏猶未及見，且有附圖於禮學專著之內，由書名不知其附有禮圖者尚多，由是可見，禮圖之份量實屬可觀也。茲簡介其較著者如下：

(1)《三禮圖》鄭玄撰，《隋書．經籍志》載為九卷，《四庫全書總目》謂宮室車服與鄭說多異，蓋其弟子所作，清馬國翰《玉函山房輯逸書》有輯文。

(2)《三禮圖》後漢阮諶撰，馬國翰及王謨《漢魏叢書》皆有輯文，《隋志》載亦九卷。

(3)《三禮圖》南北朝夏侯伏朗撰，兩《唐書．藝文志》載為十二卷。

(4)《梁氏三禮圖》劉宋梁正撰，《崇文總目》載為九卷，馬氏有輯文。

(5)《三禮圖》隋文帝開皇敕修，《崇文總目》載為十二卷。

(6)《三禮圖》唐張鎰撰，見《唐書．藝文志》，馬國翰有輯文。

以上六書均已亡佚，現存者如：

(7)《新定三禮圖集注》宋聶崇義撰，二十卷，載於《通志堂經解》，其自序及竇儼序皆云此書係博采六本三禮舊圖，尋繹推校，去其牴牾，取其是者，間加己見而成，故號曰集注，宋太祖覽而嘉之，詔令頒行。然當時宋儒即有議其非是者，如沈括《夢溪筆談》、趙彥衛《雲麓漫鈔》等皆評之為全無來歷，歐陽修《集古錄》譏其簋圖與劉敞所得真簋不同。而歷來糾舉其謬誤者更多，惟此書原係鈔撮六本，頗存舊式，其誤或本舊說而來，又無實物可徵，其有與古不合者，蓋亦難免，且若無此書奠基，則後世禮圖更無所本矣。凡二十卷，十九圖：

1.冕服圖　2.后服圖　3.冠冕圖　4.宮室圖

5.投壺圖　6.7.射侯圖　8.弓矢圖　9.旌旗圖

10.玉瑞圖　11.祭玉圖　12.匏爵圖　13.鼎俎圖

14.尊彝圖　15.16.喪服圖　17.襲斂圖

18.19.喪器圖　20.目錄。

(8)宋陳祥道《禮書》一百五十卷。

此書前圖後說，體例與聶氏不同，然亦有有說無圖者，如卷六五、六六婚禮，卷一四八至一五〇喪服、喪器皆無圖。惟其圖實超出聶圖多多，若九州、十二月令、二十四氣、摯、鬱鬯、六龜、兵器、疆域井田、射器、舞器、樂器、車制等，應有盡有，包羅甚廣。

(9)宋陸佃《禮象》十五卷，今佚。

陳振孫《直齋書錄解題》云：「其尊爵彝舟，皆取公卿家及秘府所藏古遺器，與聶圖大異。」朱彝尊《經義考》云：「丹徒張先生鵬巡撫山東，獲之章丘李中麓家，惜已殘闕矣。」《四庫全書總目》則謂今已不傳。朱氏為康熙間人，《四庫全書》完成於乾隆三十七至四十七年，故此書約亡於康熙、雍正、乾隆之際。今唯於宋建刊本《禮記舉要圖》及高麗刊本《纂圖互注周禮》所引，得見一斑耳。

(10)宋楊甲《六經圖》六卷，其中有〈周禮文物大全圖〉及〈禮記制度示掌圖〉兩種，皆上圖下釋，大抵因聶氏之舊，間有獨出己意者，《周禮圖》末附〈周禮傳授圖〉，《禮記圖》末附有〈禮記傳授圖〉，另有〈冠冕圖〉、〈器用圖〉等三禮共通之圖。陳振孫《直齋書錄解題》謂是書經毛邦翰增補，葉仲堪重編，至明又有吳繼任考校，蓋歷多人之手。

(11)宋朱熹《儀禮經傳通解》三十九卷，續編二十九卷。正編內分家、鄉、學、邦國、王朝五禮。續編二十九卷中喪禮十五卷係其弟子黃榦所撰，十六卷〈儀禮喪服圖式〉及卷十七以下之祭禮等為黃榦草創，而楊復所重修。是書重要部份端在〈儀禮喪服圖式〉，此部份雖分四類，實皆以喪服為主，為最早見之喪服表，至廣且詳。

(12)宋趙彥肅《饋食禮圖》及其他，《四庫全書總目》於《復齋易說》六卷之下云：「彥肅所著有〈士冠禮．昏禮饋食圖〉，皆為朱子所稱。」黃以周《禮書通故》曰：「禮節有圖，昉于趙彥肅、楊信齋。」是則趙氏之作猶在楊復之前也。

(13)宋楊復《儀禮圖》十七卷，《儀禮旁通圖》一卷。

該書據《儀禮》十七篇，詳其儀節，陳設之方位，凡二〇五圖，又分宮廟、冕弁、牲鼎禮器三門，共三十四圖為《旁通圖》。惟喪服則列〈喪服表〉、〈喪服圖〉以代儀節。〈喪服圖〉解析喪服，詳註名稱，標以尺寸，較之聶氏、陳祥道等僅繪其外形者不同，蓋實屬創舉，後之言服制者，皆沿用此法。又就儀節圖言，此亦為始創者。其《旁通圖》中之宮廟門，亦首開圖解宮廟各部之先河，後之繼作者大抵沿其流而加密焉，是楊圖之功不可沒也。

⒁宋朱熹《文公家禮》五卷。

朱熹季子朱敬謂此書失而復得。然王懋竑《白田雜著》頗辨其為偽，斷為時人因朱子〈三家禮範跋〉語而依仿作成以傳世者。然考《儀禮經傳通解》卷十六〈斬衰圖〉下注云：「此圖係案先師朱文公《家禮》纂出。」則朱熹實著此書也。

⒂宋林希逸《考工記解》二卷，此係據〈考工記〉加以解釋與插圖，有采自聶圖者，亦有其獨創之處。若輪轂之細部，皆各標以尺寸、度數、曲直等，脫去舊圖簡陋之窠臼，而下開戴震、阮元一派工藝圖之先河。

⒃宋建刊本《禮記舉要圖》一卷，不著撰人，全書上圖下釋，以《禮記》為範圍，有區域、衣服兩大類，各類之下再分細目，〈衣服圖〉尤詳注尺寸甚精，另有〈天子大射圖〉及〈天子習五射圖〉，前圖繪大射之方位、用器，後圖標明儀節次序，甚有價值。

⒄《纂圖互注禮記》不著撰人、卷數，見於《四部叢刊初編》該書大半沿襲上書。

⒅元韓信同《三禮圖說》二卷。清陳壽祺〈序〉云：「此書卷帙雖簡，然多補聶氏舊圖所未備。」王學禎〈書後〉云：「凡為圖七十有七，為說四十有七。」此書有前圖後釋者，亦有無圖之文者，其文大抵宗漢儒遺說，其圖，首列《周禮》疆域、井田、宮室等，次有車制、旌旗等，末有冠服圖。

⒆元龔端禮《五服圖解》一卷，是書分圖解、義解兩部份，圖解首為五服八圖，若本族、外

族之圖實即是表，次易曉之圖亦即家族稱謂表，末為喪服圖式等十餘圖，似承楊復《喪禮圖》而加密焉。圖後有義解，以「釋曰」出之，全書體例井然，圖說俱精。

(20)宋朱熹撰，明丘濬重編《文公家禮儀節》八卷，《文公家禮》舊刻，有圖載於卷首，丘氏以之散入各卷之末，且變更其次第。

卷一通禮，有〈大宗小宗圖〉、〈祠堂三間之圖〉、〈深衣前圖〉等。

卷二冠禮，有冠圖二。

卷三昏禮，有婚禮圖二。

卷四喪禮，有〈裁辟領圖〉、〈裁衽圖〉、〈衰衣圖〉、及〈本宗五服之圖〉、〈妻為夫黨服圖〉等。

卷五、卷六喪葬禮，有〈喪器圖〉。

卷七祭禮，有〈正寢時祭之圖〉等。

(21)明劉績《三禮圖》四卷，前二卷全鈔襲韓信同之圖，後二卷則雜取前人禮書之著者而附益之。

(22)明王應電《周禮圖說》二卷、《翼傳》二卷、以圖解《周禮》為主，如〈九州分星圖〉、〈六邦分治鄉遂都鄙邦國圖〉、〈九賦九職相胥圖表〉、〈旗鼓樂器舞器圖〉、〈玉瑞符節圖〉、〈射器兵器圖〉、〈冠服圖〉等。

(23)明程明哲《考工記纂注》二卷，《四庫全書總目》云：「是書主於評點字句，剿襲林希逸《考工記圖解》之文。」

(24)清黃宗義《深衣考》一卷，前列己說，後附〈深衣〉經文，末載朱子、吳澄等五家圖說，而各闢其謬，大抵排斥前人，《四庫提要》謂其務生新義。

(25)清徐乾學《讀禮通考》一百二十卷，此書專言喪禮，《四庫提要》謂是合眾力而成者。梁啟超以為全出於萬斯大之手。是書分喪期、喪服、喪儀節、喪考、喪具、變禮、喪制、廟制八項，縷析條分極為詳備。

卷一至卷三為喪期表，卷三〇為五服圖，卷三十一、三十二引楊復、陳祥道、文公等各家圖說，卷四〇至四十五採楊復〈士喪〉、〈既夕〉、〈士虞〉三篇禮節圖而成。卷九十五至九十八為喪具，列有五十餘項，可謂空前，大抵採集前人之說。

(26)清萬斯大《學禮質疑》二卷，有〈公子宗道三圖〉、〈大宗百世不遷之圖〉、〈小宗五世則遷之圖〉等。

(27)任啟運《朝廟宮室考並圖》一卷，亦前文後圖。文分門、觀、朝、廟、寢、塾等，門之大小廣狹、明堂等一一考釋詳備，末附〈都城九區十二門全圖〉、〈天子五門三朝廟社圖〉、〈天子七廟都宮門道圖〉、〈諸侯五廟都宮門道圖〉、〈路寢小寢左右側室圖〉、〈朝廟門堂寢室各名圖〉、〈明堂九室十二堂之圖〉、〈明堂四堂五室之圖〉、〈方明壇四門三成之圖〉等。

(28)江永《鄉黨圖考》十卷，卷一為圖譜，卷二至卷十為釋文，圖有宮室、冠服、車制、玉瑞等圖，皆上圖下釋，註明尺寸，甚為精詳。

(29)《欽定周官義疏》四十八卷。

(30)《欽定儀禮義疏》四十八卷。

(31)《欽定禮記義疏》八十二卷。

以上三書為乾隆十三年御定之《三禮義疏》，附有禮圖。

(32)清戴震《考工記圖》，據〈考工記〉而節取鄭注之善者，間加補注，圖列於各工之下，多解析各器物之細部，並標明名稱尺寸。

(33)清程瑤田《考工創物小記》四卷，卷末間附有圖，亦甚精。

(34)金榜《禮箋》三卷，詳於〈考工記〉諸器物之釋，並各附圖。

(35)黃世發《群經冠服圖考》三卷，以冠服為主。

(36)張惠言《儀禮圖》六卷。

卷一宮室圖、卷二冠服制度圖，皆標明尺寸，更附以表以明其差異，較聶圖完備多矣。

卷三以下隨十七篇經文次第，畫其宮室，圖其儀節，禮圖之地位由是更為提升。

(37)清焦循《群經宮室圖》二卷，全以宮室為主。

(38)清林昌彝《三禮通釋》二百八十卷，分一千二百門，共二百三十卷，圖五十卷。大抵不脫聶氏圖之陋制。

(39)清黃以周《禮書通故》一百卷，中有禮節圖、名物圖、冠服表、喪服表等，黃氏博觀歷代之作，去取之間，極為明慎，可謂集禮圖之大成。

(40)鄭良樹《儀禮宮室考》一冊，多參以近世出土之資料，繪成立體圖式。

七、《儀禮》通例（據淩廷堪《禮經釋例》略舉數例以言）

1.凡迎賓，主人敵者于大門外，主人尊者于廟門外

＊〈士冠禮〉：「賓如主人服，贊者玄端從之，立于外門之外，擯者告，主人迎出門左。」鄭注云：「外門，大門外。」

＊〈士昏禮〉：「使者玄端至，擯者出，請事，入告，主人如賓服，迎于門外。」鄭注云：「門外，大門外。」

＊〈聘禮〉：「公皮弁，迎賓于大門內。」鄭注云：「公不出大門，降于待其君也。」公與君相敵體，賓為君使，故公不迎于門外也。

＊〈士昏禮〉：「主人迎賓于廟門外。」按：此賓即使者，鄭注云：「使者，夫家之屬。」孔疏云：「假令主人是上士，屬是中士；主人是中士，屬是下士。」又此醴賓之節，醴

賓當在廟中，故迎之于廟門外也。

2.凡入門，賓入自左，主人入自右，皆主人先入。

＊〈士相見禮〉：「主人揖，入門右，賓奉摯，入門左。」

＊〈士冠禮〉：「主人揖贊者，與賓揖，先入。」

＊〈鄉飲酒禮〉：「主人揖，先入，賓厭介，入門左，介厭眾賓入，眾賓皆入門左，北上。」

＊〈士昏禮〉：親迎節：「主人揖入，賓執雁從。」

＊〈鄉射禮〉：「主人以賓揖，先入，賓厭眾賓，眾賓皆入門左，東面北上。」

＊〈少牢饋食禮〉：「祝出，迎尸于廟門之外，祝先，入門右，尸入門左。」祝代表主人，祭禮尊尸如賓。〈特牲饋食禮〉、〈有司徹〉同此。

3.凡門外之拜皆東西面，堂上之拜皆北面

＊〈士冠禮〉孤子之冠節：「凡拜，北面于阼階上，賓亦北面，于西階上答拜。」

＊〈士昏禮〉醴賓節：「主人北面再拜，賓西階上北面答拜。」

＊〈鄉射禮〉旅酬節：「主人阼階上北面拜，賓主人之西，北面拜送。」

＊〈燕禮〉：「主人北面拜受爵，賓主人之左，拜送爵。」主人之左，亦與主人同向北也。

＊〈聘禮〉：「賓覿，奉束錦，總乘馬，二人贊，入門右北面奠幣，再拜稽首。公北面再拜。」

按：古者門向南，故門外之拜必東西面也，不煩舉例，堂上以北為尊，故賓主皆北面拜也。唯婦人之拜則不受此限，如：

＊〈士昏禮〉質明贊見婦于舅姑，贊醴婦節：「婦東面拜受，贊西階上北面拜送。」

＊〈有司徹〉：「主婦洗于房中，出，實爵，尊南西面拜獻尸。」

4. 凡一辭而許曰禮辭，再辭而許曰固辭，三辭不許曰終辭；三辭而許曰三辭

＊〈士冠禮〉：「主人戒賓，賓禮辭，許。」鄭注云：「禮辭，一辭而許；再辭而許曰固辭；三辭曰終辭，不許也。」孔疏云：「又三辭而許，則曰三辭，若三辭不許乃曰終辭。是以公食大夫戒賓，上介出請，入告，三辭，又〈司儀〉云諸公相為賓主，君郊勞，交擯，車逆，拜辱，三揖，三辭，皆是三辭而許稱三辭。」

＊〈士昏禮〉：「出，請醴賓，賓禮辭，許。」

＊〈鄉射禮〉：「查相為司正，司正禮辭，許諾。主人曰：『請安于賓。』司正告于賓，賓禮辭，許。」

＊〈士相見禮〉：「主人對曰：『某不足以習禮，敢固辭。』賓對曰：『某也不依於摯，不敢見，固以請。』主人對曰：『某也固辭不得命，敢不敬從。』」

＊〈士相見禮〉辭摯節：「主人對曰：『某也既得見矣，敢固辭。』賓對曰：『某不敢以聞，固以請於將命者。』主人對曰：『某也固辭，不得命，敢不從。……士見於大夫，

終辭其摯。』」

＊〈公食大夫禮〉：「使大夫戒，各以其爵，上介出請，入告，三辭，賓出拜辱。」此三辭而許也。

八、〈喪服〉概述

(一)服類

有衰、裳、冠、絰、帶、杖、屨等。

(二)服等

有斬衰三年、齊衰三年、齊衰杖期（一年）、齊衰不杖期、大功九月、殤大功九月、殤大功七月、繐衰七月、小功五月、殤小功五月、齊衰三月、緦麻三月等十二等（以喪服之輕重分別親疏，又或因佩件之增減而更分等級）。按：大別分衰、期、大功、小功、緦麻五類，俗稱五服是也。胡培翬《儀禮正義》云：

「斬與齊對，斬是斬截布斷之，斷之而不緝，為斬，緝之為齊也。」

何按：疏者粗疏之謂，如：斬衰三升，冠六升；齊衰四升，冠七升，是齊衰較粗疏也。升數問題詳下文。又殤者，未成年人之喪也，有長、中、下三等，詳〈喪服〉內文。又繐者，布名，布細而疏者，粗細在大小功之間，若加灰使滑則是錫衰，王為三公六卿之服，見《周禮》。

〈喪服・記〉云：「若齊，裳內，衰外。」鄭注：「齊，緝也。凡五服之衰，一斬四緝，緝裳者內展之，緝衰者外展之。」

胡氏《正義》云：「大功，此則稍加以人工，而其鍛治之功麤略，故謂之大功布也。」又云：「緦麻，以緦布為衰裳，以麻為絰帶，故名曰緦麻也。」

何按：麻、斬用苴麻，疏衰、大功、繐衰，用牡麻，小功、緦麻，用澡牡麻。〈喪服・傳〉曰：「苴麻，麻之有蕡者也。」有蕡者，麻之雌性有子者，老而粗惡；牡麻，麻之雄性者，稍粗惡。澡牡麻，較細緻者。絰有首絰與腰絰兩種。斬冠用牡麻布六升，齊冠用七升，大功冠用澡牡麻十升，小功、緦麻同其衰。冠纓用繩。杖有苴杖、桐杖兩種，高與心齊，根部朝下。帶，絞帶即繩帶，絞麻為之，亦有布帶。屨，草鞋，用菅、茅束，收編向外，繩菲，用麻繩。疏屨，用藨、蒯之屬。吉屨無絇，剜去絇，使惡。女子首飾有總，束髮之麻布；箭笄，以竹為之，長一尺（吉笄長尺二寸）；髽，猶男子之免。以上均就士族所用而言，公、大夫、公子等則降等以用。又受服者，受以輕服變除重服。

喪期有三年、一年、九月、七月、五月（七月和五月可併為一組）、三月共五組。喪期是以一年為基準，因為一年是自然界循環變化的一個週期，春夏秋冬之後又是一個新的循環開始，喪期一年之後，應該是另一段新生活的開始，所以以一年作為喪期的基準是合情合理的，這是對一般的親屬而言的；至於如父母之喪，則應該加重才是，因此加倍到兩年，兩年再多一個月，就跨入第三年了，於是就合於三年之喪了。為何要為父母服喪三年呢？孔子曾說過：「子生三年，然後免於父母之懷，夫三年之喪，天下之達喪也。」（見於《禮記・三年問》，又見於《論語・陽貨》「達喪」作「通喪」。）是說當父母去世時，子女至少應該回報父母那最辛苦的三年的恩德，所以說這是天下之通喪。親情稍次者，則依一年的基準而減半，於是制定了功服，功服中較重者則劃歸大功，在一年與半年之間就定為大功九月之喪，半年之喪中再加細分，而有了殤大功和繐衰的七月與五月的小功之服，再有稍輕者，由六月再減半而成緦麻和齊衰的三月之喪了。三、六、九、十二，每級相差三月，正符合三月一季的自然變化原則。

(三)適用範圍

1. 血緣關係

2. 君臣關係

(1)臣為君

(2)臣黨為君

(3)臣為君黨

(4)君為臣

君指國君或一般組織中之首長，臣指現臣：貴臣、近臣、眾臣；或指舊臣。君黨指君之所服者；臣黨指臣妻；臣為君黨指君之母與妻為主；君為臣指為貴臣。

3.其他關係

(1)乳母、慈母等

(2)師友等

(四)縷升解

〈喪服・斬衰〉「冠六升，衰三升。」鄭注云：「布八十縷為升。升字當為登，登、成也，今之禮者皆以登為升，俗誤已行久矣。」賈疏云：「云布八十縷為升者，此無正文，師師相傳言之，是以今亦云八十縷謂之宗，宗即古之升也，云今之禮皆以登為升，俗誤已行久矣者，案鄭注《儀禮》之時，古今二禮並觀，疊古文者則從經今文，若疊今文者則從經古文，今此注而云今之禮皆以登為升，與諸注不同，則今古禮皆作升字，俗誤已行久矣也。若然，《論語》云新穀既升，升亦訓為成，今從登不從升者，凡織紝之法，皆縷縷相登上，乃成繒布，登義強於升，故從登也。」

江永《鄉黨圖考・冕考》：「古布幅闊二尺二寸，當今尺一尺三寸七分半，若容三十升之縷二千四百，則今尺一分之地幾容一十八縷，此必不能為者也。孔（論語孔注）意蓋謂古者朝服十五升，冠當倍於衣，不知冠升倍衣，唯喪服斬衰三升，冠六升則然。自齊衰以下則非倍半之數矣。禮無冠倍於衣之例，孔誤釋耳，麻冕之布亦不過十五升，如今尺之一分容九縷，已是細密難成矣。」

黃以周《禮書通故・衣服通故一》云：「以周案：江氏以小功總麻冠衰同升例之，故云麻冕十五升，說各有據，但麻冕之布本屬細密難成，金仁山欲減其縷，江慎修又減其升，皆以二尺二寸之幅，節以今尺之不能容如此數也。夫今古尺之長短，說人人殊，今以諸書記尺寸者參考之，惟云古尺得今尺之八寸一分其說近是。江氏定古尺當今尺六寸二分半，則車廣六尺六寸，何以容三人？席長八尺，何以容四人？（見〈曲禮〉注）脯深尺，內方尺，何以容米八斗？臀寸，何以容米四升？不特麻冕之升縷無以容也，且麻冕果止十五升，與他布同，又何細密難成之有乎？」

何按：古者布幅二尺二寸，一升為八十縷，此定制也，若冠六升，則一幅之中當有四百八十縷，每寸之內當容二一・七三一縷。

每寸布內當含二一・七三一縷也，是較粗疏也。

㈤〈喪服〉經文

斬衰三年	父、君，父為長子，為人後者，妾為君。
	女子子在室為父，子嫁反在父室為父。
	眾臣為其君。
齊衰三年	父卒則為母，繼母如母，慈母如母。
	母為長子。
齊衰杖期	父在為母、妻，出妻之子為母。
	繼母嫁從為之服報。
齊衰不杖期	祖父母、世父母、叔父母，大夫之適子為妻、昆弟，為眾子、昆弟之子，大夫之庶子為適昆弟、適孫，為人後者為其父母報，女子子適人者為其父母，昆弟之為父後者，繼父同居者，為夫之君，姑姊妹女子子適人無主者，姑姊妹報，為君之父母妻長子祖父母，妾為女君，婦為舅姑、夫之昆弟之子，公妾大夫之妾為其子，女子子為祖父母，大夫之子為世父母叔父母，子、昆弟、昆弟之子，姑姊妹女子子無主者，為大夫命婦者，唯子不報，

齊衰不杖期	大夫為祖父母適孫為士者，公妾以及士妾為其父母。
齊衰三月	寄公為所寓，丈夫婦人為宗子、宗子之母妻，為舊君、君之母妻，庶人為國君，丈夫在外其妻長子為舊國君，繼父不同居者，曾祖父母，大夫為宗子舊君，曾祖父母為士者如眾人，女子子嫁者未嫁者為曾祖父母。
殤大功七月至九月	子女子子之長殤中殤，叔父之長殤中殤，姑姊妹之長殤中殤，昆弟之長殤中殤，夫之昆弟之子、女子子之長殤中殤，適孫之長殤中殤，大夫之庶子為適昆弟之長殤中殤，公為適子之長殤中殤，大夫為適子之長殤中殤。
大功九月	姑姊妹女子子適人者，從父昆弟，為人後者為其昆弟，庶子適婦女子子適人者為眾昆弟、姪丈夫婦人報，夫之祖父母世父母叔父母，大夫為世父母叔父母子昆弟，昆弟之子為士者，公之庶昆弟、大夫之庶子為母妻昆弟皆為其從父昆弟之為大夫者，為夫之昆弟之婦人子適人者，大夫之妾為君之庶子，女子子嫁者未嫁者為世父母叔父母姑姊妹，大夫、大夫之妻、大夫之子、公之昆弟為姑

	姊妹嫁於大夫者，君為姑姊妹女子子嫁於國君者。
繐衰七月	諸侯之大夫為天子。
殤小功五月	叔父之下殤，適孫之下殤，昆弟之下殤，大夫庶子為適昆弟之下殤，為姑姊妹女子子之下殤，為人後者為其昆弟從父昆弟之長殤，昆弟之子女子子夫之昆弟之子女子子之下殤，為侄庶孫丈夫婦人之長殤，大夫公之昆弟大夫之子為其昆弟庶子姑姊妹女子子之長殤，大夫之妾為庶子之長殤。
小功五月	從祖祖父母、從祖父母報，從祖昆弟、從父姊妹孫適人者，為人後者為其姊妹適人者，為外祖父母、從母丈夫婦人報，夫之姑姊妹娣姒婦報，大夫大夫之子公之弟為從父昆弟庶孫姑姊妹女子子適士者，大夫之妾為庶子適人者，庶婦、君母之父母從母，君子子為庶母慈己者。
緦麻三月	族曾祖父母、族祖父母、族昆弟、庶孫之婦，庶孫之中殤，從祖姑姊妹適人者報，從祖父、從祖昆弟之長殤，外孫，從祖昆弟姪之下殤，夫之叔父之中殤下殤，從母

緦麻三月	之長殤報，庶子為父後者為其母，士為庶母，貴臣貴妾、乳母、從祖昆弟之子、曾孫、父之姑、從母昆弟、甥、婿、妻之父母、姑之子、舅、舅之子，夫之姑姊妹之長殤，夫之諸祖父母報，君母之昆弟，從父昆弟之子之長殤，昆弟之孫之長殤，為父之從父昆弟之妾。

㈥本宗五服親屬關係表

為父	斬衰	父
		女子子在室為父
		子嫁反在父之室為父
		為人後者
	不杖期	女子子適人者為其父
		士妾為其父
		繼父同居者報
		為人後者為其父報
	齊衰三月	繼父不同居者報
為母	齊衰三年	父卒則為母
		繼母如母
		慈母如母
	杖期	父在為母
		出妻之子為母
		父卒繼母嫁從為之服報
	不杖期	女子子適人者為其母

為母	不杖期	士妾為其母
		為人後者為其母
	緦麻	庶子為父後者為其母
		士為庶母
為子、女、婦、婿	斬衰	父為長子
	齊衰三年	母為長子
	不杖期	為眾子
		女子子適人無主者
	殤大功	子、女子子之長殤、中殤
	大功	女子子適人者
		適婦
	殤小功	女子子之下殤
	小功	庶婦
	緦麻	婿
為夫	斬衰	妻為夫
		妾為君
為妻妾	杖期	妻
	緦麻	貴妾

妻妾為夫黨	不杖期	婦為舅姑
		夫之昆弟之子
	殤大功	夫之昆弟之子、女子子之長殤中殤
	大功	夫之祖父母
		夫之世父母、夫之叔父母報
		為夫之昆弟之婦人、子適人者
	殤小功	為夫之叔父之長殤
		夫之昆弟之子、女子子之下殤
	小功	夫之姑姊妹、娣姒報
		夫之諸祖父母
	緦麻	夫之叔父之中殤下殤
		夫之姑姊妹之長殤
		夫之從父昆弟之妻
妾為妻	不杖期	妾為女君
為諸祖父母	不杖期	祖父母
		女子子為祖父母
	齊衰三月	曾祖父母
		女子子嫁者未嫁者為曾祖父母

為諸孫	不杖期	適孫
	殤大功	適孫之長殤中殤
	大功	庶孫
	殤小功	適孫之下殤
		庶孫丈夫婦人之長殤
	小功	孫適人者
		庶孫之中殤
	緦麻	曾孫
		庶孫之婦
		外孫
為昆弟姊妹及其子孫	不杖期	女子子適人者為昆弟之為父後者
		昆弟
		姊妹適人無主者報
		昆弟之子
	殤大功	昆弟姊妹之長殤中殤
	大功	姊妹適人者
		女子子嫁者未嫁者為姊妹
		女子子適人者為眾昆弟

為昆弟姊妹及其子孫		姪丈夫婦人報
		為人後者為其昆弟
	殤小功	昆弟姊妹之下殤
		昆弟之子、女子子之下殤
		為姪丈夫婦人之長殤
	小功	為人後者為其姊妹適人者
	緦麻	甥
		姪之下殤
		昆弟之孫之長殤
為世叔父母、姑及其子孫	不杖期	世父母、叔父母
		姑適人無主者
	殤大功	叔父、姑之長殤中殤
		姑適人者
	大功	女子子嫁者未嫁者為世父母、叔父母、姑、從父昆弟
		從父昆弟
		叔父、姑之下殤
		從父昆弟之長殤

為世叔父母、姑及其子孫	小功	從父姊妹適人者
	緦麻	姑之子 從父昆弟之下殤 從父昆弟之子之長殤
為從祖祖父母及其子孫	小功	從祖祖父母報 從祖父母報
為族曾祖父母及其子孫	緦麻	從祖昆弟 父之姑 從祖姑、姊妹適人者報 從祖父、從祖昆弟之長殤 從祖昆弟之子
為母系外親	緦麻	族曾祖父母 族祖父母 族父母 族昆弟
為大宗	齊衰三月	丈夫婦人為宗子、宗子之母、妻
	小功	外祖父母 從母丈夫婦人報

為母系外親	緦麻	舅 舅之子 從母昆弟 從母之長殤
妻系	緦麻	妻之父母

捌、《禮記》述要

一、《禮記》的成書

六經之名，最早見於《莊子．天運》：「孔子謂老聃曰：丘治《詩》、《書》、《禮》、《樂》、《易》、《春秋》六經。」其中的《禮經》，是指《儀禮》，一直到西漢及西漢以前，凡稱「禮」者，都是指《禮經》而言，《禮經》就是《儀禮》。其後《史記．儒林傳》、《漢書．藝文志》、《禮記．經解》所稱都一樣。至漢時，《樂經》亡佚，武帝建元五年立五經博士於學官，禮經博士還是指專精於《儀禮》者，至漢靈帝刻石經時，《禮記》始被稱為經書，宋朱熹《儀禮經傳通解》將《儀禮》視為經，而以《禮記》為傳，因為《禮記》裏有不少篇幅確實是在為《禮經》作解說的文字。這些文字西漢時就稱為「禮記」或「記」。

《史記．孔子世家》：「故《書傳》、《禮記》自孔子。」

《漢書・河間獻王傳》：「獻王所得書，皆古文先秦舊書，《周官》、《禮》、《禮記》、《孟子》、《老子》之屬。」

又云：「禮者，《禮經》也，《禮記》者，諸儒記禮之說也。」邵懿辰《禮經通論》：「周公制禮，而後名公卿賢行儒就其禮而為之記。」

又《漢書藝文志・禮家》：「《禮古經》五十六卷，《經》七十（劉敞說當作十七）篇，《記》百三十一篇。」

《禮記》之成書，可分四階段：

㈠附經而作　案記與經每相比附，如《儀禮・士冠禮》、〈士昏禮〉、〈鄉飲酒禮〉、〈鄉射禮〉、《燕禮》等十一篇末皆附有記。不附記者惟〈士相見禮〉、〈大射禮〉、〈士喪禮〉、〈少牢饋食禮〉及〈有司徹〉五篇之末無記文，但〈既夕禮〉為〈士喪禮〉之下篇，〈有司徹〉為〈少牢〉之下篇，故〈士喪〉及〈少牢〉本應無記，是則今本僅三篇之末無記耳。此記實為《禮記》之最初形態，即讀經之後，有所感發或領悟，順手寫於餘簡之上，是為附經而作之形態，故其內容如〈士冠・記〉下孔疏所云：「凡言記者，皆是記經不備，兼記經外遠古之言。」有解說禮義者，如〈士冠・記〉云：「適子冠於阼，以著代也，醮於客位，加有成也，三加彌尊，諭其志也，冠而字之，敬其名也。」有補經之不足者，如〈士昏・記〉云：「凡行事必用昏昕，受諸禰廟，辭無不腆，無辱。」亦有補足禮制者，如〈喪服・記〉云：「朋友麻。」短者三言兩語，如〈覲禮・

記〉共三句十六字，長者自成篇幅。蓋視當時餘簡多少而定。

㈡單獨成篇　若餘簡已被前人寫去，或意見頗多，而餘簡有限，後人遂只能另取他簡以抒己意，於是乃脫離了附於經後而有單獨成篇之形態。單篇之禮記，因不再附經，故內容範圍亦不限於與禮經有關，而可以任意擴大，且至時人行禮之得失記事等，皆得收入，遂成記禮之雜文。劉歆於整理禁中秘書而成《七略》時，得此雜文，固嘗因其內容而歸類整理之，其內容相近，而得以標題之者，則題曰〈明堂陰陽記〉三十三篇、〈樂記〉二十三篇、〈王禹記〉二十四篇、〈孔子三朝記〉七篇等，於其無法歸類者，則總曰：「記百三十一篇。」（班固即據《七略》編入《漢書・藝文志》）是《禮記》原有單篇形態之明證。

㈢匯編成書　西漢禮經博士有后倉、戴德、戴聖及慶普，各自名家，則其於學官中所講授者亦必有不同，其參考選用以闡釋禮經之記禮雜文取捨之間，亦必各依操選政之己見而為之，故各家所謂禮記，遂以各自選刪而有彼此不同之傳本，故知今傳《大戴禮記》、《小戴禮記》，不過當時兩家傳本而已。鄭玄《六藝論》：「今禮記行於世者，戴德、戴聖之學也，德傳記八十五篇，則大戴禮是也，戴聖傳禮四十九篇，則此禮記是也。」今傳者即小戴（戴聖）四十九篇之禮記，是二戴禮記之成書也，然猶未成定本。

㈣鄭注之後始有定本　劉歆力主古文，其〈讓太常博士書〉：「信口說而背傳記，是末師而非往古，至於國家將有大事，若立辟雍、封禪、巡狩之儀，則幽冥而莫知。」又云：「夫禮失求之於野，古文不猶愈於野乎。」此語顯係對當時禮學博士而言，且歆因此而去官，及王莽攝政，歆又以紅休侯總領儒林，於學官中禮經博士之講學及選採禮記諸事，蓋或有所指示，而禮記之奉命改編，參以古文資料，亦所難免，故今本四十九篇中今文古文雜呈也。《後漢書・衛宏傳》先云三家立於學官，是為今文，繼云孔安國所獻古文，再云中興以後亦有二戴博士，是二戴禮記蓋兼采今古文家者亦明矣。

學官本《小戴禮記》既經增易，至鄭玄為之作注時所見，與戴聖初編之原來面目自有不同。《後漢書・鄭玄傳》：「遂造大學受業（何按：今文），又從東郡張恭祖受《周官》、《禮記》、《左氏春秋》、《韓詩》、《古文尚書》（何按：古文），以山東無足問者，乃西入關，因涿郡盧植事扶風馬融。」《隋書・經籍志》：「漢末馬融遂傳小戴之學，而鄭玄受業於馬融，又為之注。」是鄭玄禮記之學，得張恭祖之古文，又得馬融之今文，又《後漢書・董鈞傳》言董鈞傳慶氏之學，下文又云鄭玄嘗取古經校禮，有「取其義長者」之語，則鄭玄注《禮記》，蓋亦兼采慶氏之學矣，故郭嵩燾《禮記質疑・序》：「是鄭君於三家之書，會通抉擇，始注而傳之」是也。自鄭玄為之作注，《小戴禮記》始有定本。

《小戴禮記》相傳均為四十九篇，如劉向《別錄》、《後漢書・董鈞傳》、鄭玄《六藝論》、晉陳邵《周禮論・序》并同。其後《隋志》、《初學記》皆謂本四十六篇，後儒加三篇，仍足四十九之數。然四十九之數亦甚為怪也。

晉陳邵《周禮論・序》云：「後漢馬融、盧植考諸家異同，附戴聖篇章，去其繁重，及其〈敘略〉，而行於世，即今《禮記》也，鄭玄亦因盧、馬之本而注焉。」由知鄭玄注之前，《小戴禮記》原有〈敘略〉一篇，則當為五十或五十以上也。又《隋志》、《初學記》四十六篇之說，足證至唐代又亡佚了三篇，今本不知如何補足為四十九篇，則今本絕非戴聖初編之舊觀；恐與鄭玄所見亦有差異。

四十九篇《小戴禮記》各篇來源之傳說：

〈曲禮〉：

(1)先秦舊典（鄭玄、孔穎達、賈公彥等說）

(2)〈曲臺記〉之遺（鄭樵、何異孫、陸奎勳等說）

〈王制〉：

(1)漢文帝十五年，使博士刺六經而作（盧植說）

(2)非博士作，乃舊典之遺（王鳴盛、何焯、孫志祖、臧庸、左暄、姚範等說）

〈月令〉：

(1)周公作（賈逵・馬融等說）

(2)與《呂氏春秋》首章同，因謂呂不韋作（鄭玄說）

(3)馬融鈔合（《隋書・經籍志》說）

〈曾子問〉：

(1)曾子之學（清末王安定《曾子家語》說）

〈禮運〉、〈禮器〉、〈郊特牲〉三篇：

(1)原為《曲臺記》中之一篇割裂為三（邵懿辰說）

〈明堂位〉：

(1)馬融鈔合（《隋書・經籍志》說）

(2)馬融自撰（陸奎勳引鄭樵說）

(3)新莽時人作（方苞說）

(4)中公弟子記錄，莽時有所增飾（陸奎勳說）

〈學記〉：

漢毛生作（《隋書・禮樂志・敘》引沈約說）

〈樂記〉：

(1)劉向校書得二十三篇，河間獻王與毛生等共采諸子・周官之言樂事者以作（《漢書・藝文志》說）

(2)劉向所得二十三篇中之十一篇，又據合為一篇（鄭玄說）

(3)公孫尼子作（孔疏引沈約說）

〈坊記〉：

(1)子思子作（孔疏引沈約說）

(2)賈誼、董仲舒所記前人之語（程顥《明道語錄》說）

〈中庸〉：

(1)子思子作（《史記‧孔子世家》、《孔叢子》、鄭玄《三禮目錄》、沈約等說）

(2)孔子自撰，子思為之綜次（毛先舒《聖學真語》說）

(3)孔子傳曾子，曾子傳子思（呂大臨、羅仲素、翟灝等說）

〈表記〉：

(1)子思作（沈約說）

(2)公孫尼子作（《經典釋文》引南齊劉瓛說）

〈奔喪〉：

(1)孔壁所出古逸《禮》五十六篇之一（鄭玄《三禮目錄》說）

〈三年問〉：

(1)《荀子‧禮論》中之一節（姚際恒說）

〈投壺〉：

(1)逸〈曲禮〉之正篇（鄭玄說）

〈大學〉：

(1)孔氏遺書（程頤說）
(2)孔子筆之於書（朱熹〈癸未垂拱奏箚〉說）
(3)經一章，孔子之言，曾子述之，傳十章，曾子之意，門人記之（朱熹〈大學章句〉說）
(4)成於曾子門人之手，子思以授孟子（朱熹〈大學或問〉說）
(5)曾子之書（黎立武〈大學發微〉說）
(6)曾子門人作（何異孫《十一經問對》·翟灝《四書考異》說）
(7)子思作（鄭曉《大學源流》說）

二、《禮記》的性質與內容

(一)《禮記》的性質

知道了《禮記》成書的經過，應該瞭解這是一部專記禮事散篇雜文的叢編。各篇的原作者是誰，過去有各種不同的傳說，但顯然的絕不是一時一地一人的手筆。自孔子以後，一直到西漢初期，很多人都可能寫下這類的文字。地區大約是在齊魯一帶，但也不能十分確定。所以其內容性質絕不可能像個人著述那樣的單純、有體系，和觀念統一。

就其早期附經而作的形態言，主要的根據還是在《禮經》，因此內容大概不外乎說明禮義，或是補禮文所不足。後來單獨成為散篇時，不再受《禮經》的限制，內容範圍自然會擴大，祇要是針對禮事可以發揮闡述或加以討論的題目，都可以納入此一範圍以內；甚至於過去的某些禮制節目，由於偶然因素所引發的改變，或是某些人行事切合禮義，某些人執禮有所偏差，以記事的方式寫下來，供後人作為參考的文字，也都可以歸屬於《禮記》。孔穎達《禮記正義》在禮記大題下就說：「或錄舊禮之義，或錄變禮所由，或兼記體履，或雜序得失，故編而錄之，以為記也。」由此可見這些記禮的雜文內容的確很雜。到了二戴選編成書時，其作用在於輔助教學，而且各自選擇的重點並不一樣，因此在他們編選時不一定是整篇的引進，大部份都是東選一段，西選一段，然後按內容性質相近者拼湊在一起。最顯明的如〈曲禮〉、〈檀弓〉等，由一百多段零散的短文連綴而成。不大明顯的如〈三年問〉，是由《荀子．禮論》中的一段加上《論語．陽貨》中的一段拼合而成。像這種情形，二戴禮記裏可說是比比皆是。時常可以發現有彼此重複，前後不同，甚至也有相互矛盾的文字出現。所以《禮記》這部書不可能有完整的體系，也無法要求其觀念的統一，不僅是雜，甚至於亂。不過我們不能由於認定這是雜亂的叢編，而貶低了它的學術價值。因為它不像其他個人或某一集團少數人的作品，在思想形態等方面的表現，往往是具有經過整理或過濾後的統一性。這種雜亂的觀念，應該可以視作存真的特色，而給予更高價值的評定才是。

(二)《禮記》的內容

前面說過，本文討論係以《小戴禮記》為主。《小戴禮記》相傳都說是四十九篇，今本也是四十九篇。但是其中〈曲禮〉、〈檀弓〉、〈雜記〉三篇，大概是由於篇幅太長，各分上下，所以如果就篇題來計算，實際祇有四十六個篇題。這四十六篇的內容，簡述如下：

(1)〈曲禮〉　以日常生活中許多細小的行為規矩為主，兼及朝廷社會上各種稱謂等的說明。

(2)〈檀弓〉　雜記當時人行禮得宜的事蹟或言語，大抵以喪禮有關者為多。

(3)〈王制〉　記述王者應有的行政制度，雖然也有歷史背景的依據，但其中還是有不少託古改制的理想之言。

(4)〈月令〉　記述一年十二月中，自然氣候的變化特徵，以及每月之內適應氣候變化，設計安排所應該做的各種事務。

(5)〈曾子問〉　以孔子與曾子答問的方式，對喪制和喪服方面作比較深入的特殊問題的討論，足以補《儀禮》之不備。

(6)〈文王世子〉　記述世子培養品德，修飾言行的方法，並說明世子事奉君父所應有的態度與行為。

(7)〈禮運〉　說明禮的興起和因應時代進化所產生的演變與發展的趨勢。

(8)〈禮器〉　由禮的外表形式觀察所得，探索禮的內涵精神，提出時、順、體、宜、稱五種立禮原則的討論。

(9)〈郊特牲〉　雜論各種專禮中應該注意的事項，並討論某些儀節設置的用意和原則。

(10)〈內則〉　大抵記述在家庭生活中，為人子女者應如何事奉父母翁姑的許多細則，連帶涉及飲食及教養子弟的方法、層次等問題的討論。

(11)〈玉藻〉　記述天子、諸侯、大夫、士等人生活起居方面所應適時注意的事項，及衣服、飲食、容貌、稱謂等法制的規定。

(12)〈明堂位〉　記述魯以侯國而能擁有天子禮樂的原由，進而說明魯國兼備虞、夏、商、周四代禮樂的內容和盛況。

(13)〈喪服小記〉　為《儀禮・喪服》作補記，比較偏重在士喪服制方面的為多。除了補記喪服之未備並闡述其原由外，也有涉及宗法禮制的說明。

(14)〈大傳〉　說明治理天下必須以親親為基礎，而後往外推展的道理，並由此推論到宗法及服制等問題。

(15)〈少儀〉　雜記與人交往之間許多應該注意的瑣細行為規範，與〈曲禮〉的內容性質很相近，不過此篇以少事長，卑事尊的事類較多。

(16)〈學記〉　記述古代大學中教學的目標、方法、效果及基本的理論，並檢討教學上所以有得失興廢的原由。

(17)〈樂記〉說明禮樂對社會人心的教化功能，進而陳述音樂理論的內涵和外用。

(18)〈雜記〉雜記諸侯以至於士的喪禮，而以有關喪制細節的補充說明為多。

(19)〈喪大記〉雜記諸侯、大夫、士各種不同身分的喪制，尤以有關器物方面的介紹很詳細。

(20)〈祭法〉雜記有關日月山川等的外祭、喪禮中的歛葬弔祭，以及宗廟制度等事。

(21)〈祭義〉說明祭祀的義理由來和作用，由祭是孝養的延長，因而推論孝親敬長之道。中間夾有〈樂記〉的一段錯簡。

(22)〈祭統〉說明祭祀的本體要旨，區別祭禮凡有十類，並各予以現實意義的解釋，而後統歸於推行政教的社會作用。

(23)〈經解〉由六經對社會民俗深具指導作用的影響，說明六經的教育宗旨和特色的不同，而歸本到禮為領導政教的主要關鍵。

(24)〈哀公問〉記述魯哀公向孔子問禮、問政之事，內容以解說為政先禮，禮為政教之本的理論為主。

(25)〈仲尼燕居〉記述孔子為弟子講論禮樂政教之道，主要在說明禮對社會政教所具有的指導作用。

(26)〈孔子閒居〉記述孔子與子夏的幾段答問，也是在闡述禮樂的特性與作用，但比較偏重於抽象的精神方面的內涵解說。

(27)〈坊記〉說明禮所具有消極節制作用的特性，目的在於事先的防範，由是而可減少罪惡過錯的發生，從而建立健全的行為準則。

(28)〈中庸〉闡釋中正平和的思想內容，說明這是修己治人最完美，也是應用最普遍的修養目標。

(29)〈表記〉由內在思想道德的培養，到外在行為儀表的敬慎，說明君子所應該努力修持的種種目標。

(30)〈緇衣〉說明在上位的君子應該具備相當的道德水準，以德化民，以自身為標榜，然後才能達到安國治民的理想政治思想。

(31)〈奔喪〉記述士在外，獲知親人亡故，由遠方匍匐奔喪的禮儀節目。本篇應當歸屬於《儀禮》，而不是《禮記》的性質。

(32)〈問喪〉解釋《儀禮・士喪禮》中某些節目的設置用意，進而說明喪禮原乎人情而為之制的作用，及其對社會政教有所影響的重要。

(33)〈服問〉依據《儀禮・喪服》，對喪服的禮制作進一步的說明。

(34)〈間傳〉對喪禮的儀節和服制作綜合性的記述，而特別注意親疏遠近，輕重厚薄之間的差別，有精審的說明。

(35)〈三年問〉 闡釋服喪的期限何以有長有短，以及稱情而立文以區分等差定制的道理，藉以說明喪制的最終目的在於促進家族之團結，與社會之安定。

(36)〈深衣〉 說明深衣的制度，及其應乎規矩權衡的用意。

(37)〈投壺〉 記述主人與賓客宴飲之間，講論才藝的投壺禮制。本篇也應該歸屬於《儀禮》一類。

(38)〈儒行〉 由各種不同角度說明儒者所特有的道德行為，藉以顯示真正的儒者不同於凡俗的可貴之處。

(39)〈大學〉 闡述儒家由個人修身以至治國平天下的修為方法，由內聖而達於外王的終極理想。是一套體系完整，內容博大精深之學。

(40)〈冠義〉 解釋《儀禮・士冠禮》中某些儀節的設置原意，進而說明〈冠禮〉所以成人的作用，及其影響社會政教的重要性。

(41)〈昏義〉 解釋《儀禮・士昏禮》中某些儀節的設置原意，進而說明〈昏禮〉能使家族長久興盛團結的作用，及其影響社會政教的重要性。

(42)〈鄉飲酒義〉 解釋《儀禮・鄉飲酒禮》中某些儀節的設置原意，進而說明〈鄉飲酒禮〉促使體認尊卑長幼，慕賢尚齒的作用，及其影響社會政教的重要性。

(43)〈射義〉 解釋〈鄉射禮〉、〈大射儀〉中某些儀節的設置原意，進而說明射可以觀德，故由射取士的作用，及其影響社會政教的重要性。

(44)〈燕義〉解釋《儀禮・燕禮》中某些儀節的設置原意，進而說明〈燕禮〉促使君臣一體，人和政通，及以威儀等差示民有常的教育作用。

(45)〈聘義〉解釋《儀禮・聘禮》中某些儀節的設置原意，進而說明〈聘禮〉所以使諸侯之間交相聘問，輕財重禮的作用。

(46)〈喪服四制〉闡釋制定喪服所依據的恩情、義理、節制、權宜四種原則的含義，並由此說明喪服制度的內涵精神和作用。

三、《禮記》的研讀價值

誠如前面所說：「禮」在過去曾經是維繫社會人群生活秩序的重要因素，曾經是我國傳統文化中色彩最濃厚、影響最深遠的重要單元，在時下知今而不知古，崇洋而不知立本的風氣之下，這些應該是對現代中國人的生活意識型態最具指導作用和實際效果的傳統文化精華，可惜一般人的體認實在太少。而周秦之間那些早期最具淵源特色的禮文制度，又因時湮代遠，大部分已經失傳，所剩下來比較完整的祇有《儀禮》的十七篇而已。就算是專心研讀這十七篇的禮文，也不過是瞭解其儀節進行的程序而已。古今生活型態和方式已有很多不同，恐怕也很難看出些甚麼道理來。況且我們今天有意研究古代禮制者，絕不是有意復古，古代的禮制事實上也絕不可能重新施行於現代，因此我們所努力探究的應該是這些舊禮所蘊藏著的最適合我民族性需要的東西。那就是當初為什麼必須設置這些禮制儀節的用意，也就是立禮的精神和原則，以及當時足以維繫社會人心的實際作用和價值。這些東西單從禮文本身不一定能看得出其所以然，但是在《禮記》裏現存有不少專為闡釋禮義的篇幅。雖然大多祇是點到為止，抽樣地介紹一部分，然而對於如何從枯澀的禮文制度中去體察立禮的原意，至少可以由此獲得不少啟發和門徑的指示。

其次，自漢以來，一向是尊奉儒家思想為學術的中心。然而我們所能掌握真正儒家學術理論的來源，實際上大都是間接表達方式的資料。譬如儒家經典中的《周易》、《詩經》、《尚書》、《周禮》、《儀禮》、《春秋》三傳等，從這些典籍文字的表面很不容易一目瞭然地看到其中心思想，必須經由闡述發揮之後，才能獲知一部分的消息。能以直接介紹的方式，作正面說明的，除了《論語》、《孟子》、《孝經》而外，祇有在《禮記》中保存最多了。就以《論》、《孟》來說，《論語》似乎比較偏多於實際生活行為的層面，《孟子》又夾雜有許多記述的文字，所以比較之下，《禮記》所載有關學術思想理論的直接說明，確實要算資料最豐富的了。所以就探討儒學理論的重心而言，《禮記》應該是一部必讀之書。

再者，由於社會型態的急劇改變，人們往往不容易把握自己應有適當的生活意識和目的，因此更談不到社會共同道德觀念的建立。尤其是家庭教育瀕臨破產的現狀下，年輕的下一代缺乏正確生活習慣的培養和人生指引，社會上形形色色成敗得失的個案，往往使他們感到無所適從，對是非善惡也根本無法辨別，於是在疑惑徬徨中很容易迷失了自我。嚴格說來，這原本不是他們的罪過，而應該歸罪於我們中年以上的人沒有盡到教導的責任，這是無庸諱言的事實。當然，我們究竟能拿出些什麼來教導，或是應該給予些什麼樣的指引？這些本身可能就是問題。但應該可以想到在《禮記》這部書裏，有很多討論這些問題的篇幅，小至於類似國民生活須知那樣瑣細的日常生活行為規範，中至於個人思想品德人格的鎔鑄，大至於社會秩序，國家體制等，種種基本原則或具體實施方案，可說是應有盡有。所以無論就個人生活習慣的培養，行為品格的塑成，或是就倫理學、社會學、政治學等的觀點，《禮記》仍然是一部必讀的經典。

以上不過是就比較重大的價值觀點舉例說明而已，如果從禮學觀點來看，其所以值得研讀的價值當然絕不止此，祇要有興趣，由《禮記》這部書入門，漸漸往深處走，不僅是收穫一定豐碩，而且還會發現這裏面堂廡特大，境界高遠，值得研究的東西實在是太多了。

四、《禮記》的研讀方法

(一)認識篇章要義

讀任何一部書，總應該從頭到尾全文瀏覽一遍，至少也要對全書的篇章節目能有相當的瞭解，然後才可以談到進一步的研究。研讀《禮記》也是應該先由本文入手，經由訓詁的幫助，解除了章句文字間的障礙，進而便要求能把握各篇的內容大要與特性。譬如〈曲禮〉所記為一般生活細節上應該注意遵守的規矩，從這篇裏往往可以察覺到古代生活狀況，民情風俗的消息。〈檀弓〉是一段一段記述當時人物有關禮事的得失，但由此可以看出一些當時人的是非道德觀念，和一些別處看不到的史實。〈王制〉記載王者的行政組織，以及班爵授祿、祭祀養老等的制度，但很可能是一篇後人託古改制的理想藍圖，於是作者的政治思想和史實的依據，應該是值得研究的。能這樣用心去體察思考，那麼自然會感到在章句訓詁之外，還可以有更多的瞭解與收穫。

(二) 探索立禮原意

前面已經談到，任何一種禮制的形成，當初一定有其需要；形成禮制之後，也必然有其社會價值。儘管時代不同，觀念改易，然而在沒有深切瞭解以前，應該是根本沒有資格妄加批判或援用。當然禮文形式是可以隨著時代的轉移而演變，甚至有些形式會僵化而不用，不過這些形式的演變或僵化，並非表示業已完全失去價值。相反地，我們正可以憑藉這些資料，揣摩探索當初建立這些禮文制度的原意，從而可以真正瞭解其內在而永恒的價值。在《小戴禮記》中的〈冠義〉、〈昏義〉、〈問喪〉、〈三年問〉、〈祭義〉、〈鄉飲酒義〉、〈射義〉、〈燕義〉、〈聘義〉等，都是專為闡述禮義的文字。大至某項專禮的整體大要，小至於某一細微儀節的作用含義，往往才能瞭解任何一道儀節的安排，往往都有其深遠的用意。又如親人逝世之後，喪禮中孝子為什麼必須「袒而踊之」？〈問喪〉的說明是「所以動體、安心，下氣也」；成壙而歸，為甚麼必須「居倚廬，寢苫，枕塊」？〈問喪〉的解釋是「哀親之在外也」。又如〈射義〉云：「燕禮者，所以明君臣之義也；鄉飲酒之禮，所以明長幼之序也。」雖然這些有關禮義的說明，祇是抽樣的點滴片段而已，但已啟示了如何探索禮義的門徑。循此途徑再加揣摩思考，一隅三反，任何禮制儀節的原意和作用，自能大致可得而見了。既已掌握了古代禮制的原始用意，如果更能進而用心考察變禮的因由，除了對於維繫人類共同生活型態，社會秩序的原理原則，得有相當深切的認識外，也必然能依據順應民情自然要求的原則，創制適合現代生活狀況和社會型態的禮制。

的說明。譬如昏禮中為什麼必須親自迎娶？〈昏義〉裏有「親受之於父母也」的說[illegible]

㈢體驗生活規範

〈大學〉云：「自天子以至於庶人，壹是皆以修身為本。」宋明理學家經常所講論的很多做人做事的修養方法，可說都是從《禮記》的〈大學〉、〈中庸〉等篇裏面探討出來的。如〈大學〉教人以格物致知為基礎；〈中庸〉強調「誠」的作用，說明至誠可以盡性，盡性可以參贊化育的道理；〈緇衣〉講求卑己而尊人；〈表記〉標舉恭儉信讓。這些都是從內在的心性本體，意識活動，到外在的言行舉止，行為修養等各方面，指示後人如何做人做事的方針和規範。凡此通論有關道德修養的文字，往往要以實際生活體驗的累積，才能逐漸深入地領會。經過深思吸收消化之後，可以幫助我們定型塑格，建立正確的人生觀，和完整成熟的思想體系。再者，《禮記》裏面還有〈曲禮〉、〈文王世子〉、〈內則〉、〈少儀〉等篇，具體記述日常生活細微末節中應該注意的事。雖然現代的生活狀況和過去的相比，有很多顯著的改變，但也有些屬於人同此心，心同此理的生活原則卻可能是永遠不變的。問題祇是知道的人越來越少，尤其是今天的家庭教育已將近萎頓的情況下，更是連最後學習的機會都沒有了。倒是從《禮記》的這些篇幅中，還可以找出很多即使是現代生活也一樣有用的生活規矩和行為規範，作為研究對象及修養體驗的資料。

(四)蒐集有關資料

對《禮記》本文已有了相當的瞭解之後，接著就應該開始蒐集與《禮記》有關的各種資料。資料大約可分三類：

(1)常識資料　專指《禮記》外圍的常識而言，如《禮記》各篇的來源，各篇作者的傳說，兩漢、魏、晉的傳授系統，刻石及版本的源流，《禮記》與《禮經》的關係，以及其他與《禮記》有關的各種資料。這種資料的蒐集，當然是越豐富越好。

(2)注釋資料　指歷代注釋《禮記》的著述資料而言，這是偏重蒐集目錄的工作。蒐集這些目錄資料時必須注意下列三點：

①時代：從漢唐一直到明清民國，注意時代的先後，往往可以掌握某些見解的沿革痕跡。

②分類：有注釋音讀的，有全屬解義的，有注釋全書的，有祇注部分或單篇的，還有專門校正文字異同的，分類蒐集，自然眉目清楚。

③存佚及出處：有的書現存，有的書早已亡佚；現存的書是那裏出版的？現存何處？都應該有詳細的記錄。

有了這些目錄資料在手邊，當有需要時，就很容易開列出資料單，而且也知道在甚麼地方可以找到它。

⑶研究資料　這是指歷代有關《禮記》的著述中除了注釋資料以外的各種研究成果而言。譬如有研究《禮記》中的天算的，有研究《禮記》宮室的，有研究〈王制〉的封建理論，有研究〈月令〉的自然氣象，也有作某項特定主題的綜合研究的。這些資料的蒐集，至少可以知道那些問題值得研究，過去已有的成果如何，以及有多少方法可以從事研究。

㈤比較事類異同

《禮記》的內容非常雜亂，在深入研讀之前，最好能在性質分類上先有相當的認識。高仲華老師在《禮學新探》的〈禮記概說〉中曾把《禮記》各篇作如下的分類：

(1)通論：

①通論禮意的——包括〈禮運〉、〈禮器〉、〈郊特牲〉、〈經解〉、〈哀公問〉、〈仲尼燕居〉等六篇。

②通論與禮有關的學術思想的——包括〈孔子閒居〉、〈樂記〉、〈學記〉、〈大學〉、〈中庸〉、〈坊記〉、〈表記〉、〈緇衣〉、〈儒行〉等九篇。

(2)通禮：

①關於世俗生活規範的——包括〈曲禮上下〉、〈內則〉、〈少儀〉、〈深衣〉、〈玉藻〉等六篇。

②關於國家政令制度的——包括〈月令〉、〈王制〉、〈文王世子〉、〈明堂位〉等四篇。

(3)專禮：

①喪禮——包括〈奔喪〉、〈檀弓上下〉、〈曾子問〉、〈喪大記〉、〈喪服小記〉、〈服問〉、〈大傳〉、〈閒傳〉、〈問喪〉、〈三年問〉、〈喪服四制〉等十四篇。

②祭禮——包括〈祭法〉、〈祭義〉、〈祭統〉等三篇。

③冠禮——〈冠義〉一篇。

④昏禮——〈昏義〉一篇。

⑤鄉飲酒禮——〈鄉飲酒義〉一篇。

⑥射禮——〈射義〉一篇。

⑦燕禮——〈燕義〉一篇。

⑧聘禮——〈聘義〉一篇。

⑨投壺禮——〈投壺〉一篇。

有了這樣分類的認識以後，在同性質的類別中，經由分析比較，往往可以看出其間的異同。尤其在某一特定主題之下，就其相同的各點加以歸納整理，固然可以獲致結論，也可以互相參證，而後加以闡述或申論；而就其相異各點的比較，更可以加以研究判斷，或說明其所以相異的原因。譬如就宗廟祭禮而言，〈王制〉、〈祭統〉兩篇都說是春祭曰「礿」，夏祭曰「禘」；〈郊特牲〉、〈祭義〉兩篇則說是「春禘」，而〈明堂位〉又說是「春社」、「夏礿」；究竟孰是孰非？何以會有這樣的差異？自可大做文章。

(六)提鍊學術思想

《禮記》當然是儒家的經書，而儒家的學說，自秦至漢，書籍大多亡佚，就《漢書・藝文志》記載儒家的著述而言，從晏子以下共有五十三家，八百三十六篇；可是今天所能看到的恐怕還不到十分之一。如果想根據這一點點的文獻來探測周秦儒家學術思想的源流，確實會感到不足。好在《禮記》中所保存儒家學說的精華很多，應該可以由此歸納提鍊，作為正統學術思想研究的依據。不過《韓非子・顯學》曾說：

自孔子之死也，有子張氏之儒，有子思氏之儒，有顏氏之儒，有孟氏之儒，有漆雕氏之儒，有仲良氏之儒，有孫氏之儒，有樂正氏之儒。

那就是說孔子卒後，各弟子退而異言，當時就有八個儒家的支派，而且都列名於顯學之榜。既然當時已有八儒之名，至少可以想見在學術思想的見解上，彼此間一定是各有異同。就像是荀子重禮，然而荀子的主張比較具體而切實，並不完全同於孔子所說的禮。其所論及禮的起源和特性等，殆尤近於法家，所以韓非、李斯之徒都出於他的門下。換一個角度來說，學術思想的流傳，不太可能是一成不變的。往往總會因時代思想潮流所影響，而隨時吸取別家的優點長處，使自己日益宏大，於是沿流而下，才能波瀾壯闊。所以所謂八儒分支，各得孔子一偏，倒不如說他們各自吸取了別家的精華，融匯於本身的統緒之中，才會顯得彼此間有了差距；這樣的解釋應該是比較切合實際些。《禮記》裏有不少文字源出荀子，而荀子的思想及理論又可能有些地方承受了早期法家思想的影響，因此我們今天從《禮記》的研究中，不但可以提鍊儒學的精華，而且還可以找出儒學進步發展的線索。

(七)參考《禮經》儀節

《禮記》裏有不少篇有關闡釋專禮的文字，大都與《儀禮》有密切的關聯，朱熹甚至於根據這點而認定《儀禮》是經，《禮記》是傳。這種看法雖然是有點以偏概全，但祇就那些確實相關的部分篇章而言，卻也未始不能這麼說。不過《儀禮》所載大抵都是某種專禮行禮如儀的秩序單，也可以說都是些已經僵化了的禮文，就算經由訓詁的幫助，順利讀完這部書，所得至多不過是對這些專禮在古代形式上的瞭解而已。形式上的瞭解，祇不過相當於歷史常識的價值；而《禮記》中與《儀禮》有關的文字，其內容大多是闡釋立禮的原意，或是說明禮制的源流及演變，或是記載當時人物行禮的得失等，似乎是比較偏重在理論精神方面的探究；如果真的完全拋棄了《儀禮》的體例形式而不顧，那麼這些所謂理論精神的探討也都變成無根之談，而毫無意義了。所以從這些篇幅上看來，的確是不能離開《儀禮》而獨立的；必須參考《禮經》所載的種種儀節，才能更顯示出《禮記》的價值。然而《禮記》中與《儀禮》有關的這些篇章，並非針對某種專禮有意來作全面性的闡述或探究，往往祇是片面的或抽樣的，僅就某一部分加以說明或討論，其所未予說明或討論的部分應該還有很多。既然《禮記》中的某些篇章已經為如何探討《禮經》的理論精神舖好了道路，開啟了門徑，如果有人想進窺宗廟之美，百官之富，從而拾取傳統文化的繽紛菁英，當亦不是甚麼難事。

(八)研究特殊專題

《禮記》裏面包含的特殊問題很多，除前面已經談到的幾項問題以外，他如音樂理論、學校教育、弁冕服飾、田制車制、自然氣候、禮器名物、專禮禮圖等，名目繁多，而且也都富有深入研究的價值。祇要肯下功夫，一定會有收穫的。不過在剛開始時，必須謹守「大處著眼，小處著手」的基本原則。先建立遠大的目標，是絕對正確的，但著手時必須先從大目標範圍以內的某項細小的問題開始研究，然後再漸漸地擴大接觸面，由小而大，循序漸進；才不致於一上來就由於牽涉太廣，而結果到處碰壁。譬如說大目標建立在考察古代的政治體制，當然這個題目實在是太大了，不過也似乎可以先由《禮記・王制》所載有關命官的問題入手，如「天子三公、九卿，二十七大夫，八十一元士」，其下大國如何，次國如何，小國又如何，再加上「次國之上卿位當大國之中，中當其下，下當其上大夫」，其下小國之卿又如何等等資料，如果再參考一下《周禮》大宗伯及典命諸官的職掌等別的資料，彙積整理，應該可以獲致結論。由此再進而擴大其研究範圍，終必可以完成其理想目標。

以上所列八條，前四條是屬於一般研讀的方法，後四條是屬於深入研讀的方法。這些也不過僅就個人所見提出的意見，俾供參考而已。其實研讀方法的種類絕不止此，這裏所以標舉幾項樣品的目的，還是在於希望藉此能產生些導引作用，能有更多的人對此發生興趣，共同往禮學研究的方面走去。在這樣的目的之下，如果讓大家覺得還有點用，那就於願已足了。

玖、附錄：父卒繼母嫁從為之服報議

《儀禮・喪服疏》〈衰仗期章〉：「父卒，繼母嫁，從為之服，報。」《經》云「從為之服」，《傳》云「貴終」，諸儒於此，解說多歧，後學莫知所從。因為檢取事類之相近者，如出妻之子為母，嫡庶是否服有不同？生母改嫁，其所生子宜否有服？父卒母嫁，其子不從而往者，宜否有服？其子從而往者，宜否有服？及父卒，繼母嫁，子從而往者，宜否有服？列舉五事，經由比較異同，論其關鍵，闡析禮意，辨其是非，冀以野曝之獻，俾供采摘之資。

《儀禮・喪服疏》〈衰杖期章〉：「父卒，繼母嫁，從為之服，報。」子夏《傳》曰：「何以期也？貴終也。」

〈喪服〉此經在說明其父已卒，繼母改嫁另適他人，後繼母亡故，此子當為服期；又若繼母改嫁之後，此子先亡，繼母亦當反為服期也。惟何以當有此服？《禮》文質約，《傳》亦未詳其義，諸儒解說，因每各下己意，議論既多歧異，遂使經義晦沈，後世莫知所從矣。

漢馬融云：「繼母為己父三年喪禮畢，嫁後夫，重成母道，故隨為之服；繼母不終己父三年喪，則不服也。」（《通典》卷八十九引）

馬融之意，係就繼母與父之夫妻關係言。既嘗為夫妻，又為終三年之喪，是謂貴終，足成母道，因隨為之服；否則不服。

漢鄭玄云：「嘗為母子，貴終其恩。」（《儀禮・注》）

鄭玄則就母子關係，以釋《傳》文「貴終」之義。故賈疏云：「若此子念繼母恩，終從而為服，母以子恩不可降殺，即生報文。」是繼母有否為此子之父終三年之喪者蓋不論矣；所謂「貴終」之義，與馬融說異。所同者，「從為之服」之「從」，蓋亦訓「隨」爾。

魏王肅云：「從乎繼，寄育，乃為之服。」（《晉書・禮志》上引）又云：「不從則不服；服則報，不服則不報。」（《通典》卷八十九引）

《王肅》蓋以「從為之服」，「從」字為句。謂繼母改嫁他適，此子從之而往，寄育於後父之家，其後繼母亡故，此子當為服期；此子先亡，繼母亦當反服。若此子初即不從而往，則俱無服。此說固於「從」字說解不同於馬鄭，且於「貴終」之義，亦重在終其養育之恩。申其說者，如晉之皇密云：「謂無大功之親，己稚子幼，不能自存，故攜其孤孩，與之適人，上使祖宗無曠祀之闕，下令弱嗣無窮屈之難，故曰貴終也。若偏喪之日，志存爽貳，不遵恭姜靡他之節，而襲夏姬無厭之欲，輕忽先亡，棄己如遺，無顧我之恩，何貴終之有也？如《禮》之旨，則子無不從；且非禮而嫁，則義之所黜，何服之有哉？」（《通典》卷八十九引）後世如顧炎武《日知錄》、吳廷華《儀禮章句》、褚寅亮《儀禮管見》、胡培翬《儀禮正義》等，均從王說，以為不易之論。

劉宋庾蔚之云：「《禮》云繼母從為之服，非父後者也。」又云：「王順《經》文，鄭附《傳》說。王即情易安，於《傳》亦無礙。繼嫁則與宗廟絕，為父後者，安可以廢祖祀而服之乎？」（《通典》九十四引）

庾蔚之雖以王說為順，然推其意蓋謂此子從母而嫁，寄育後父之家，長大成人，認姓歸宗，以嫡子承祧，主宗廟之祭祀者，緣其繼母既已改嫁，恩情絕於宗廟，是不得以承重之身，服繼母之喪；故云非父後者則可矣。非父後者，指庶子而言也。是近王說而小異者。

劉宋崔凱《喪服難問》云：「凱以為出妻之子為母、及父卒繼母嫁從為之服報，此皆為庶子耳，為父後者皆不服也。《傳》云與尊者為體，不敢服其私親，此不獨為出母言，為繼母發；繼母嫁，己隨則為之服，則是私也，為父後者亦不敢服也。鄭玄曰常為母子，貴終其恩，不別嫡庶；王肅云隨嫁乃為之服；此二議時人惑焉。凱以為齊縗三年章『繼母如母』，則當終始與母同，不得隨嫁乃服，不隨則不服，如此者不成『如母』。為父後者皆不服，庶子皆服也。」（《通典》卷九十四引。崔凱之姓名、時代、著作，皆據馬國翰《玉函山房輯佚書》所考訂）

崔氏以為庶子皆服，為父後者不服，嫡庶之別，實同庾蔚之之說。又據「繼母如母」，而謂終始如之，不論隨嫁與否，凡嫡不服，凡庶皆服者，既別於馬鄭，亦與王庾異也。《舊唐書・禮儀志》七，載高宗龍朔二年，蕭嗣業繼母改嫁身亡，疑其服制，交所司議定，司禮太常伯隴西郡王博乂等奏稱：「竊以嫡繼慈養，皆非所生，並同行路；嫁雖比出稍輕，於父終為義絕，豈合心喪？望請凡非所生，父卒改嫁，為父後者無服，非承重者杖朞，並不心喪，一同繼母，有符情禮，無玷舊章。」所議嫡庶有別，不論隨嫁，實與崔凱之說同也。

清張惠言《讀儀禮記》：「父卒，繼母嫁，從為之服，報。案嫁母與出母異，出母父所絕，嫁母為父服斬衰三年，恩意之極，非父所絕也；但以改適他族，不終母恩，故以父在為母之服服之，見其恩由于父在，故云從為之服，謂追從父在而為之服也。繼母如母，則親母既嫁亦同。異乎出母者，雖為父後亦服也。若夫死妻稚子幼，而與之適人者，母既非父所絕，于子又終恩，繼父尚為期，則母三年決矣。」

張惠言之說，似作調人，兼採鄭王，而分別其義。不從嫁母改適他族者，則依鄭說；與之適人者，則取王說。惟於從嫁母者，主服喪三年為異爾。

綜觀上述諸家之論，似皆衡之以情，言之以理。惟眾議紛呈，後學者莫衷一是；且難免間有臆度之辭，未必盡符《禮經》之旨，亦未見必合當時之情實。茲陳所見，俾備採擇之資。

一、出妻之子為母，嫡庶無異服

〈喪服疏・衰杖期章〉：「出妻之子為母。」是謂夫妻離異，妻歸本家後亡故者，夫妻恩情既絕，故夫無服；而母子恩情猶在，是以所生子為其親母仍有服也。《禮記・檀弓》：「門人問諸子思曰：昔者子之先君子喪出母乎？曰：然。」子思之先君子為伯魚，則伯魚之母為出母也。又〈檀弓〉：「伯魚之母死，期而猶哭。夫子聞之，曰：誰與哭者？門人曰：鯉也。夫子曰：嘻！

其甚也。伯魚聞之，遂除之。」是伯魚為其親母，即出妻之子為母也，故滿期喪而夫子止之也。惟〈喪服．傳〉曰：「出妻之子為父後者，則為出母無服。」又曰：「與尊者一體，不敢服其私親。」《傳》意蓋謂出妻絕族，其子承重為父後，則與尊者一體，父之不為絕族服者，子亦不敢服，故謂為父後者不為出母服也。此蓋依情理推之者，《禮經》固言不及此，而當時情實亦未見相符。伯魚嫡長，為父後者，而夫子許其為出母期，由知《傳》云為父後者為出母無服者，亦未必合於聖人之意也。夫禮者經緯事理，實皆原乎人情而為之制，人情有所不能已者，始有禮以為節度，使得循乎中道，無過不及之差，是謂稱情而立文也。故《荀子．禮論》云：「先王聖人安為之立中制節，一使足以成文理，則舍之矣。」其母雖出，義絕於其父耳，母子恩情未絕，無由奪人之情，而不許其為母服也；故伯魚雖為父後，猶喪出母，《禮經》亦無嫡庶異服之文也。

二、生母改適，親子不宜有服

又〈檀弓〉：「子上之母死而不喪。門人問諸子思曰：昔者子之先君子喪出母乎？曰：然。子之不使白也喪之，何也？子思曰：昔者吾先君子無所失道，道隆則從而隆，道污則從而污；伋則安能。為伋也妻者是為白也母，不為伋也妻者是不為白也母。」鄭注：「子上，孔子曾孫，子思伋之子，名白，其母出。」設如鄭注所云子上之母為出母，則當依《禮經》出妻之子為母服期，亦猶伯魚之喪其出母也。然而子思不許其子喪之，是必有故焉；推原其故，蓋惟出而改嫁者始可以釋之。出妻者，夫妻離異，其恩義之斷絕實較出而改嫁者為輕。夫妻離異，必有其不能同居生活之因由，若此因由實緣於誤會所致，而出妻返歸本家，終始在室，是仍有破鏡重圓之可能。是以出而在室者，夫妻關係之斷絕，相對而言，實為暫時之斷絕，始終保有重返夫家之可能。倘使出而既歸本家，復又改嫁另適，則原有之夫妻關係誠為永久之斷絕，絕無重返之可能；由知夫妻恩義之斷絕實有輕重之別也。準此以論，出而在室者，母子恩情猶在；出而改嫁者，母子恩情亦自斷絕。是即子思所云「為伋也妻者是為白也母，不為伋也妻者是不為白也母」之本意也。易言之，即謂其人出而在室，仍有可能「為伋也妻者」，其母子恩情未絕，是仍「為白也母」，子上自宜為其出母服期；若其人出而改嫁，永「不」可能「為伋也妻者」，且已為別氏之母，則原有之母子恩情斷絕，「是不為白也母」，則子上自不宜為其出母服喪也。惟子思之語暗昧不明者，蓋以應對門人之問，未便直言其妻出而改嫁也。故謂「先君子無所失道，伋則安能」。伯魚之母出而在室，伯魚為之服期，是所謂「道隆則從而隆」也；若其母出而改嫁，則亦為之無服，是所謂「道污則從而污」也。惟以語有隱諱，後人不解其意，是以下文云「故孔氏之不喪出母，自子思始也」。然亦由見出母改嫁者，雖親子不宜有服也。

又〈檀弓〉云：「子思之母死於衛，赴於子思。子思哭於廟。門人至，曰：庶氏之母死，何為哭於孔氏之廟乎？子思曰：吾過矣，吾過矣。遂哭於他室。」鄭注云：「嫁母也，姓庶氏。」

鄭注所云，蓋據「庶氏之母」四字而知也。既稱庶氏之母，而又不得哭於孔氏之廟，則必改嫁另適庶氏者也。惟不知其究係先出而後再醮，抑伯魚卒後乃改嫁者也。然不論如何，子思既不得哭於孔氏之廟，則是不得為設哭位，亦不得為之服也。故〈檀弓〉又云：「子思之母死於衛。柳若謂子思曰：子、聖人之後也，四方於子乎觀禮，子蓋慎諸？子思曰：吾何慎哉？吾聞之：有其禮，無其財，君子弗行也；有其禮，有其財，無其時，君子弗行也。吾何慎哉！」察子思語氣，實無服喪之意，惟於外人之前不便直言為母無服，不得已而設此推託之辭也。鄭注云「嫁母齊衰期」者蓋誤。然則子思所以不為其母服者，蓋即以其出母之改嫁也。

倘子思之母原係先出而再醮者，依前所述，出妻義絕於夫，而母子之恩猶存。其母子恩情猶存者，當以其母出而返歸本家、亦即所謂在室者為限；若使返歸本家之後，再嫁另適，則是別氏之母矣，自是之後，此子固不得再認別氏之母為己母矣。故子思門人稱「庶氏之母」，所以遠別其族也。母子之恩於是斷絕，而子思不為服喪是也。雖有私痛，亦止哭於他室而已矣。由見出母改嫁者，雖親子固不宜有服也。

三、父卒，母嫁，子不從者不宜有服

如上節所述，子思之母倘係伯魚卒後改嫁於衛之庶氏者，固未嘗攜子思以俱往也，則其母非祇絕於孔氏之族，亦自絕於其子，故子思之不為服喪是也。漢石渠議：「問父卒母嫁，為之何服？蕭太傅云：當服周，為父後則不服。韋玄成以為父沒則母無出義，王者不為無義制禮；若服周，則是子貶母也，故不制服也。宣帝詔曰：婦人不養舅姑，不奉祭祀，下不慈子，是自絕也，故聖人不為制服，明子無出母之義。玄成議是也。」子思之母改嫁適衛，不攜子思與俱，猶宣帝所詔之類也。下不慈子，是自絕也。母既自絕於其子，其子當為無服可知。故謂有其禮無其財，有其財無其時，君子可以弗行；況無其禮哉！是由見父卒母嫁，而子不從者，亦不宜有服也。

四、父卒，母嫁，子從者宜有服

有父卒母嫁，攜子俱往者。按〈喪服．疏衰不杖期章〉：「繼父同居者。」《傳》曰：「何以期也？《傳》曰：夫死、妻穉子幼，子無大功之親，與之適人，而所適者亦無大功之親。所適者以其貨財為其築宮廟，歲時使之祀焉，妻不敢與焉，若是則繼父之道也。同居則服齊衰期，異居則服齊衰三月。必嘗同居，然後為異居；未嘗同居，則不為異居。」謂之同居者，則此子必係從母而往，寄育於繼父之家者。既嘗寄育於繼父之家，則必嘗與繼父共同生活，而繼父近無大功之親，復以貨財為築宗廟，使奉本族祭祀，是所謂繼父之道也者，實情至而義盡矣，此子當為服期以答其恩養也。其母雖以絕族，不得與於前夫宗廟之祭，而於此子撫字之恩自可想見。此子為其繼父尚以寄育之恩，為之服期，而於終其撫字之恩之親母，寧得無服耶？更推父卒之後，其母何以必再改嫁之故，蓋有二焉：一則為年事尚輕，不甘長年寡居，因再改嫁者，於其所生子或攜或不攜，不攜者是謂棄之如遺，自絕於其子也，此子終亦不必為其嫁母服矣。若攜子以往者，母子相依，終始如舊，字養之恩，焉可無服？一則為母穉子幼，外無大功之親，內乏衣食之資，不得已而適人者，故攜其孤孩，撫育成長，以承繼其宗祧，其母雖名絕於前夫之族，然全其祖祀之功不可沒，而苦心孤詣，存其弱嗣之恩德固亦厚矣。雖以名義攸隔，不得如父卒為母之服齊衰三年，降服齊衰杖期，固所宜也。由是而知父卒母嫁，子從，則宜有服，不從則無服也。

五、父卒，繼母嫁，子從，宜有服

父卒，母嫁，子從，則宜有服，已如上議。惟《禮經》無文者，蓋已包於「父卒，繼母嫁」條之內。胡培翬《儀禮正義》曰：「《經》但言繼母之嫁，而無父卒母嫁之文，蓋舉繼母以該親母。謂繼母嫁而子從，乃為之服，則母嫁而子不從者，皆不為服可知。謂繼母嫁而子從之者，必為之服，則親母嫁而子之從之者，亦必為服可知。此省文以見義也。」《禮經》文字質約，每有舉下以包上之例，此之謂也。若《經》但言親母改嫁而子從，宜有服，則繼母改嫁而子從者，恐有降服之疑，故《經》惟舉繼母，為繼母尚有服，則為親母亦當如此可知也。由知父卒母嫁，無分嫡庶繼慈，子從而有服，子不從則無服也。

綜上諸節所議，則知出妻之子為其生母，出而在室者有服，出而改適者無服。察其差異之關鍵，惟在母子間恩情之得否持續，與此子之為嫡為庶無涉。又父卒母嫁者，子從則有服，不從則無服；有服無服，端在其子之從與不從。從與不從，實亦關乎母子恩情之得否持續而已。所重在此，其子之無論嫡庶者亦可知矣。既父卒母嫁子從，為其生母不得服齊衰三年，宜降服期，而繼母改嫁猶攜子俱往者，情尤可貴，既不得加隆，亦不宜降殺，自惟同乎生母之嫁而子從者，故亦服期。其有主嫡庶有別，隨嫁不分，或申三年之喪者，義皆不協也。《傳》云「貴終也」者，父卒，繼母嫁，子從而往，繼母猶得盡其撫字養育之責，恩情持續終始，乃所謂貴終也。明乎此，則「嘗為母子、貴終其恩」之說，實不能足其義；且此繼母之是否得終其父三年之喪者，蓋亦無關宏旨也。

難以割捨的中國情結

——國學大叢書系列

徘徊在品味鑑賞與深入研究間的進退
留連於課堂與書房間的取捨
您需要的，是部面面俱到、深入淺出的國學導引叢書
從古典文學到現代文學
從經史子集到文字聲韻
邀集各家名師精心撰述
伴您學習之路不再徬徨躊躇
三民國學大叢書值得您期待

思想類

書名	作者
宋明理學	陳郁夫
學庸	陳滿銘
論語	黃俊郎
老子	余培林

書名	作者
呂氏春秋	傅武光
佛學概論	林朝成
淮南子	陳麗桂
周易	黃沛榮

古典文學類

書名	作者
中國文學概論	黃麗貞
詞選	林玫儀
中國民間戲曲	曾永義
文心雕龍析論	王忠林
楚辭	高秋鳳
詩經	孫劍秋
古典戲曲	王安祈
詩學	歐陽炯
細說桃花扇	廖玉蕙

現代文學類

現代小說	楊昌年
現代散文	鄭明琍
現代文學批評	沈　謙
民間故事論集	金榮華

小學類

古音研究	陳新雄
語言學	姚榮松
聲韻學	林　燾　耿振生
文字學	裘錫圭
爾雅	邱德修

史書類

中國史學史概論	鄧元忠　曾光正
史記	張高評
資治通鑑	林礽乾
左傳	劉正浩

其他

治學方法	劉兆祐
國文教學法	黃錦鋐

現代人不可不讀的智慧經典
——古籍今注新譯叢書

集當代學者智識菁華
重現古人的文字魅力

【哲學類】

新譯尹文子　徐忠良注　黃俊郎校
新譯淮南子　熊禮匯注　侯迺慧校
新譯潛夫論　彭丙成注　陳滿銘校
新譯鄧析子　徐忠良注　劉福增校
新譯韓非子　賴炎元、傅武光注
新譯尸子讀本　水渭松注　陳滿銘校
新譯四書讀本　謝冰瑩等注
新譯申鑒讀本　林家驪等注　周鳳五校
新譯老子讀本　余培林注
新譯列子讀本　莊萬壽注
新譯孝經讀本　賴炎元、黃俊郎注
新譯易經讀本　郭建勳注　黃俊郎校
新譯荀子讀本　王忠林注
新譯莊子讀本　黃錦鋐注

新譯新書讀本　饒東原注　黃沛榮校
新譯新語讀本　王　毅注　黃俊郎校
新譯管子讀本　湯孝純注　李振興校
新譯墨子讀本　李生龍注　李振興校
新譯論衡讀本　蔡鎮楚注　周鳳五校
新譯禮記讀本　姜義華注　黃俊郎校
新譯孔子家語　羊春秋注　周鳳五校
新譯公孫龍子　丁成泉注　黃志民校
新譯老子解義　吳　怡著
新譯呂氏春秋　朱永嘉等注　黃志民校
新譯晏子春秋　陶梅生注　傅武光校
新譯明夷待訪錄　李廣柏注　李振興校

【文學類】

新譯千家詩　邱燮友、劉正浩注
新譯花間集　朱恒夫注　耿湘沅校
新譯幽夢影　馮保善注　黃志民校
新譯菜根譚　吳家駒注　黃志民校
新譯搜神記　黃　鈞注　陳滿銘校
新譯薑齋集　平慧善注　周鳳五校
新譯詩品讀本　程章燦注
新譯詩經讀本　滕志賢注
新譯楚辭讀本　傅錫王注
新譯漢賦讀本　簡宗梧注
新譯人間詞話　馬自毅注　高桂惠校
新譯文心雕龍　羅立乾注　李振興校
新譯世說新語　劉正浩等注
新譯古文觀止　謝冰瑩等注
新譯江文通集　羅立乾、劉良明注
新譯阮步兵集　林家驪注
新譯明散文選　周明初注　黃志民校
新譯明傳奇選　張宏生注
新譯昭明文選　周啟成等注　劉正浩等校
新譯唐傳奇選　東　忱等注　侯迺慧校
新譯曹子建集　曹海東注
新譯陸士衡集　王雲路注
新譯陶淵明集　溫洪隆注
新譯陶庵夢憶　李廣柏注
新譯揚子雲集　葉幼明注　周鳳五校
新譯嵇中散集　崔富章注　莊耀郎校
新譯賈長沙集　林家驪注　陳滿銘校

新譯橫渠文存　張金泉注
新譯顧亭林集　劉九洲注
新譯元曲三百首　賴橋本、林玫儀注
新譯宋元傳奇選　姚　松注
新譯宋詞三百首　汪　中注
新譯唐人絕句選　卞孝萱、朱崇才注
新譯唐詩三百首　邱燮友注
新譯諸葛丞相集　盧烈紅注
新譯駱賓王文集　黃清泉注
新譯昌黎先生文集　周啟成等注　陳滿銘等校
新譯范文正公選集　王興華等注　葉國良校

歷史類

新譯公羊傳　雪　克注　周鳳五校
新譯列女傳　黃清泉注　陳滿銘校
新譯越絕書　劉建國注　黃俊郎校
新譯燕丹子　曹海東注　李振興校
新譯穀梁傳　顧寶田注　葉國良校
新譯戰國策　溫洪隆注　陳滿銘校
新譯左傳讀本　郁賢皓注
新譯尚書讀本　吳　璵注
新譯尚書讀本　張持平注
新譯國語讀本　易中天注　侯迺慧校
新譯新序讀本　葉幼明注　黃沛榮校
新譯說苑讀本　左松超注
新譯說苑讀本　羅少卿注　周鳳五校
新譯西京雜記　曹海東注　李振興校
新譯吳越春秋　黃仁生注　李振興校
新譯東萊博議　李振興、簡宗梧注

宗教類

新譯山海經　楊錫彭注
新譯列仙傳　張金嶺注　陳滿銘校
新譯地藏經　陳允吉注
新譯抱朴子　李中華注　黃志民校
新譯法華經　張松輝注
新譯金剛經　徐興無注　侯迺慧校
新譯神仙傳　周啟成注
新譯高僧傳　趙　益注
新譯楞嚴經　賴永海注

新譯六祖壇經　李中華注　丁　敏校
新譯阿彌陀經　束景南注
新譯經律異相　顏洽茂注
新譯禪林寶訓　李中華注
新譯老子想爾注　顧寶田等注　傅武光校
新譯周易參同契　劉國樑注　黃沛榮校
新譯黃帝陰符經　劉連朋注
新譯道門觀心經　王　卡注
新譯養性延命錄　曾召南注　劉正浩校
新譯沖虛至德真經　張松輝注　周鳳五校

【軍事類】

新譯司馬法　王雲路注
新譯尉繚子　張金泉注
新譯三略讀本　傅　傑注
新譯六韜讀本　鄔錫非注
新譯吳子讀本　王雲路注
新譯孫子讀本　吳仁傑注
新譯李衛公問對　鄔錫非注

【教育類】

新譯三字經　黃沛榮注
新譯幼學瓊林　馬自毅注　陳滿銘校
新譯顏氏家訓　李振興等注

【政事類】

新譯唐六典　朱永嘉注
新譯商君書　貝遠辰注　陳滿銘校
新譯鹽鐵論　盧烈紅注　黃志民校
新譯貞觀政要　許道勳注　陳滿銘校

【地志類】

新譯水經注　鞏本棟、王一涓注
新譯大唐西域記　陳　飛等注　黃俊郎校
新譯洛陽伽藍記　劉九洲注　侯迺慧校
新譯徐霞客遊記　黃　珅注